Dalifort, tous pour tout

Cheikh Tidjane AGNE

Dalifort, tous pour tout

Préface
M. Landing SANÉ
Directeur de l'Urbanisme et de l'Architecture

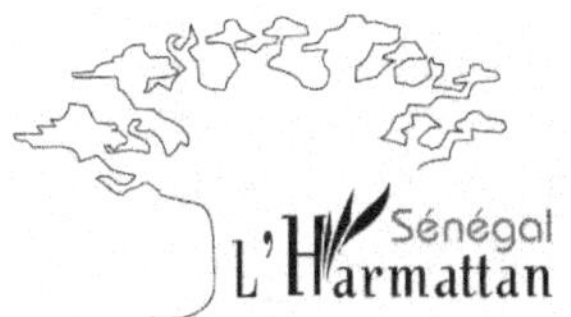

10 VDN, Sicap Amitié 3, Lotissement Cité Police, DAKAR

http://www.harmattansenegal.com
senharmattan@gmail.com
senlibrairie@gmail.com

ISBN: 978-2-343-21011-7
EAN: 9782343210117

L'espoir des démunis ou des laissés-pour-compte réside dans la solidarité ;
leur vécu est la source des chercheurs et la récompense
s'obtiendra dans la durée.

Dédicace

Citer des noms pourrait engendrer des omissions et affecter les relations. Ce qui serait contraire à l'élégance.

Néanmoins, dédions ces écrits à toutes les générations qui se sont succédé et données pour que Dalifort soit.

À tous les jeunes qui se reconnaissent, nous avons eu à partager une adolescence folle, dans une ambiance folle et dans un environnement de joie, sous un contrôle parental non répressif.

À la coopération sénégalo-allemande.

Abréviations

CFA	Communauté Financière Africaine
SOTIBA	Société de Tissage et de Batik
ICOTAF	Industrie Côtonnière Africaine
OCLALAV	Organisation Commune de Lutte-Antiacridienne et de Lutte Anti-Aviaire
ORSTOM	Office de Recherche Scientifique et Technique d'Outre-Mer
IRD	Institut de Recherche pour le Développement
ITA	Institut de Technologie Alimentaire
SERAS	Société d'Exploitation des Ressources Animales du Sénégal
SONABANQUE	Société Nationale de Banque
ZOPP/POP	Méthode de planification par priorité
SONEES	Société Nationale d'Exploitation des Eaux du Sénégal
SENELEC	Sénégalaise d'électricité
FORREF	Fonds de Restructuration et de Régularisation Foncière
SICAP	Société Immobilière du Cap-Vert
HLM	Habitat à Loyer Modéré
HAMO	Habitat moderne
SIPS	Société Industrielle de Papeterie du Sénégal
ENDA	Environnement Développement Action
CEREEQ	Centre de Recherche et d'Équipement
CAPEC	Comité d'assistance à la promotion des activités économiques

Préface

*Dalifort, localité située à la limite des départements de Dakar, de Guédiawaye et de Pikine, a accueilli le projet pilote de « **Restructuration et de Régularisation Foncière de l'Habitat Spontané** » mis en œuvre par l'État du Sénégal, représenté par la Direction de l'Urbanisme et de l'Architecture (DUA) et la Coopération Technique Allemande (GTZ) à partir de 1986.*

Le choix de Dalifort pour recevoir ce programme est loin d'être le fruit du hasard. Il est basé sur trois éléments fondamentaux :

- *le site présentait toutes les caractéristiques d'une occupation irrégulière, anarchique et illégale ;*
- *le film produit par monsieur Jacques Bensimon sur Dalifort, intitulé « De mains et d'espoir », qui a fait le tour du monde ;*
- *la forte organisation et le dynamisme de la communauté, qui ont permis de faire face, d'une part, aux diverses menaces de déguerpissement, d'autre part, à la prise en charge et à la gestion efficace des besoins et des problèmes quotidiens des populations.*

Une fois que Dalifort a été choisi comme projet pilote, la population recensée pour en être la bénéficiaire a fait preuve d'une mobilisation sans failles. Elle a joué son double rôle d'acteur et de bénéficiaire du programme.

L'auteur de cet ouvrage, monsieur Cheikh Tidjane Agne, jeune adoptif de Dalifort, a vu naître et dérouler ce projet. Il a été un acteur dynamique des opérations de restructuration et de régularisation foncière aux côtés des autres partenaires que sont la DUA, la GTZ, la commune de Pikine, les autres institutions et départements ministériels.

*Sa position au cœur du dispositif a permis à monsieur Cheikh Tidjane Agne d'avoir une connaissance parfaite et très approfondie du projet de « **restructuration et de régularisation foncière** » de Dalifort.*

*L'auteur, qui commence par conter son « **beau village** », nous fait partager les aspects historico-géographiques de la zone. « Ce lieu avait pour nom "**Mbalitu tubab**". Il recevait les ordures ménagères des nantis de la capitale. Les jeunes de la banlieue trouvaient du plaisir à s'y rendre dans le but de* *ramasser des jouets ou des objets de valeur. Le "**campement des chiffonniers**" avait pour nom "**Dali For**", qui signifie "site des ramasseurs"... ».*

Une description détaillée de l'organisation sociale interne de la communauté dalifortoise et de ses interrelations avec le monde extérieur est faite par l'auteur.

Le travail très fouillé de l'auteur fait de cet ouvrage un outil de travail très important pour ceux qui veulent connaître l'histoire, la dynamique organisationnelle et la configuration communautaire de Dalifort. Les étudiants et les chercheurs, notamment dans le domaine de la restructuration participative et la régularisation foncière de l'habitat spontané, trouveront là une source intarissable de données et d'informations pour leurs travaux.

M. Landing SANÉ

Directeur de l'Urbanisme et de l'Architecture

Mon beau village

« **Mon beau village** » n'est plus à la mode. C'est parti avec le temps. Cette chanson est rangée dans les tiroirs des oubliettes. Elle fut une fierté de l'outremer. Elle fit la joie des classes, des cours d'initiation aux cours élémentaires. Méconnue de nos jours, elle a marqué la vie des écoles de fils de chefs. Plus tard, la scolarisation en masse des petits Africains l'avait rendue populaire. Elle se chantait, à tue-tête, à l'école et jusque dans la petite case de la vieille aux mâchoires édentées. Il ne se passait pas une journée sans que, de loin, le refrain rythmé des élèves ne tombât dans les oreilles des parents restés à la maison. La manifestation de joie de ces voix innocentes était perceptible, plus particulièrement pendant les jeux de la récréation. Un moment privilégié pour la détente. Les retrouvailles des enfants, du même âge, venus de lieux différents, marquaient, chez le nouvel écolier, la sensation d'appartenance à un groupe. L'intégration se faisait sans protocole. On n'a pas besoin de renforcer ou de voter des textes pour déterminer l'intégration, la libre circulation des élèves et de leurs cartables.

Dans la cour, espace séparant les deux rangées de classes, des groupes se formaient de façon tout à fait autonome, sans calcul et suivant les options de jeux. Les garçons se livraient à des jeux très physiques, collectifs ou individuels. La lutte, les courses poursuites, la balle brûlante ou « Joldac », terme local. Le « Joldac » est un jeu très courtisé. Il requiert un nombre de participants illimité et consiste à atteindre une cible, mouvante ou immobile, à l'aide d'une balle de tennis. Le principe du jeu est très simple : courir dans tous les sens, en s'éloignant le plus du détenteur de la balle. Le football était le plus au menu.

Les jeunes filles étaient peu nombreuses dans le système éducatif colonial, non pas parce qu'elles étaient moins intelligentes, mais parce qu'elles avaient un statut différent par rapport aux garçons. Par conséquent, une surveillance spéciale et spatiale leur est encore dévolue.

La société les enferme dans un espace d'interdits qui se justifie par leur « vulnérabilité physique ». Jusqu'à nos jours, ce déficit en nombre reste à être comblé. Des campagnes de sensibilisation pour l'inscription en masse et le maintien des filles à l'école sont développées par les gouvernements des pays en développement. Il est certain que le développement des pays africains passera par la scolarisation en masse de leurs enfants. Dans l'espace traditionnel, elles jouissent d'un petit champ de liberté. En ce début de millénaire, les avancées de la lutte pour la promotion de la femme sont discutables. Théoriquement, il y a le développement du genre et de l'égalité des sexes ou parité…

Voilà qu'on s'égare dans la philosophie contemporaine. Retour à la récréation ; les chants étaient leur fort. Leurs douces voix chantaient et rythmaient leurs cadences soutenues par des battements de mains. Les filles, généralement par catégories d'âge, formaient des rondes, assises ou debout. Tous les regards et toutes les attentions étaient captés par leur mouvement d'ensemble. Avec les filles, le spectacle était assuré. Les contempler dérouler leur spectacle était un réel plaisir.

Les maîtres, regroupés dans un coin de l'école, suivaient ces scènes en cassant la croûte dans le but de se redonner une nouvelle énergie pour le reste de la matinée.

À l'affût, des enfants, non admis à l'école, suivaient ces scènes aussi avec un pincement au cœur. Une envie de rejoindre un groupe de jeu hantait le petit cerveau de ces intrus de la cour de l'école.

Dans la pédagogie occidentale, les jeux et les chants occupaient une place importante. Une façon d'attirer et de faire aimer l'école aux enfants. La perception faite de l'école des Blancs par les responsables familiaux était profondément complexe. Un jugement de valeur était porté sur sa fréquentation. Envoyer son enfant à l'école nouvelle était synonyme de remise en cause de sa foi religieuse ou d'acculturation. Les questions telles que « Faut-il ou ne faut-il pas répondre à l'appel de l'école ? » avaient été au centre des débats. La « supposée » privation d'un des droits élémentaires devrait installer une opposition silencieuse entre parents et enfants non scolarisés. Cette opposition, relativement négative, mettrait les parents, dans le long terme, dans une position défensive. Les anciens manifestaient une opposition à l'envoi massif des enfants à la nouvelle école. Des déclarations avaient soutenu que la nouvelle école causerait le malheur des générations futures. Des châtiments divins étaient proférés à l'égard de ceux qui feraient fouler le sol de la cour de l'école nouvelle à leurs enfants…

Chaque déclaration était fondée sur des interprétations culturelles ou religieuses mal maîtrisées. Pour d'autres, il fallait diaboliser la nouvelle venue et par là, renforcer la domination des chefs traditionnels pour ne pas perdre les privilèges conquis par les ancêtres. Il est reproché, présentement, aux anciens d'avoir hypothéqué l'ouverture de leurs descendants au reste du monde. Ils n'étaient pas des adeptes « du donner et du recevoir ». Avec le temps, il naissait une lueur de tolérance. On dirait plutôt que les avis étaient partagés au sein de la communauté. De la situation de balancement des avis, une possible concertation autour de l'inscription de futurs élèves existait.

Sachant qu'elle n'était pas totalement rejetée par les communautés les plus hostiles, sachant que les populations étaient d'avis partagés, l'école nouvelle fit un virage à 120 degrés pour se donner un nouveau visage. La stratégie serait de susciter chez les enfants le réveil de la force du désir et les pousser à l'extrême. Une situation qui augmentait la pression chez les parents et chez les autorités coutumières.

Des oreilles attentives aux cris des enfants croyaient ferme en l'avenir des générations naissantes. Une espérance d'un lendemain meilleur qui se traduirait par une apparence comportementale, un reflet de la personnalité « intellectuelle » et une situation matérielle améliorée. Cette aspiration au bien-être apparent serait la somme des résultats de l'investissement colonial sur ces enfants dont les parents auraient accepté de collaborer. Cette génération serait forgée à l'image de l'étranger, incarnation de la nouvelle civilisation. Une image de la puissance matérielle et de la libre expression. Les nouvelles donnes de la civilisation, empruntées, partageaient le parent entre un éventuel prestige et la peur de perdre ce qui lui était le plus cher. La tendance était irréversible. Une faible résistance était opposée à l'appel, à l'aspiration au bien-être social. Aucun de ces enfants ne pourrait prétendre à la liberté s'ils continuaient à se référer à des valeurs sociales, culturelles ou ethniques non mixées. La montée en puissance de la nouvelle génération remettait en cause le statut des anciens qui continuent à imposer leur autorité.

La pénétration de la civilisation arabe doublée de l'islam a occupé les âmes depuis plusieurs siècles. Cette empreinte orientale est gravée dans la morale de manière douce et progressive, dans le temps et dans l'espace. Les commerçants, itinérants arabes, avaient utilisé l'arme la plus puissante pour gagner la confiance des leaders des localités les plus reculées. Ils avaient séduit par la connaissance et par la finesse de leurs actions sur leur environnement, basées sur l'équilibre, le partage, l'humilité, la justice… Ils avaient éliminé toute contrainte d'adhésion à leur idéologie. Tout doucement, cette religion a investi les mœurs et coutumes des anciens. La poudre avait tonné à des moments exceptionnels. La raison était pour l'application d'une loi islamique ou pour rétablir un ordre.

La pénétration coloniale, par contre, aurait été marquée par des violences et des violations des droits des autochtones. Les populations auraient été contraintes à la cohabitation. Les résistances permanentes à la cohabitation avaient eu à engendrer des heurts et des frustrations. Il avait fallu, aux colons, affiner une nouvelle stratégie dans l'approche pour contrer cette résistance multiforme. La nouvelle situation avait ses exigences.

Tout doucement, à la place du fusil et des travaux forcés, les colons procédèrent, à l'image des grands commerçants qui introduisirent pacifiquement l'islam dans nos villages, à une invasion de l'environnement. Ils infiltrèrent, de la manière la plus naturelle possible, progressivement, le quotidien des générations d'après la Seconde Guerre mondiale. Le colon a choisi une cible mouvante et insouciante, la tendre enfance. La confrontation entre les deux concepts souleva beaucoup de commentaires. Aux générations suivantes, ils ôtèrent toute possibilité d'identification à la source. Le pont est coupé entre les deux générations. Celle d'avant l'indépendance avait conservé des traces de sa culture et défendait un terroir. Les nouveaux maîtres firent miroiter l'ouverture, la finesse dans toutes ces gammes. Surtout et surtout, ils inculquèrent, sous leur contrôle, la puissance et l'aptitude à dominer son entourage. Ces nouveaux adeptes se défaisaient, de la manière la plus naturelle, de tout leur héritage culturel. C'était le prix à payer pour être reconnu comme membre de la nouvelle famille. La conservation de la religion des anciens ne gêne pas leur évolution.

Des années s'étaient écoulées, des années de mélancolie, des années aussi pâles les unes que les autres. Une étape sans retour était franchie. À présent, les retrouvailles avec certaines habitudes traditionnelles sont devenues difficiles. Chaque famille a le souci de rester modèle. Celle qui ne l'est plus se cherche. La famille, qui est parvenue à se conserver, avait utilisé la méthode du berger face à son troupeau. Le bâton du berger a plusieurs fonctions. Un coup de bâton sur les flancs d'un animal agité ou s'écartant du groupe n'est pas considéré comme un moindre mal. Le culte de l'obéissance est de rigueur, tout à fait naturel. Celle qui se cherche, en cette fin de siècle, est ballottée entre le modernisme et le retour aux sources. Un combat quotidien à livrer.

La culture individualiste prime sur le collectif. La tolérance sociale chavire dans les flots de l'indifférence. Ce n'est pas un hasard si on se cherche dans cette jungle du bien-être singulier. Il est certain, aujourd'hui, que le bien-être ne commence plus par bien naître. La valeur et le rang social sont déterminés par le bien matériel accumulé.

La lutte pour la liberté est impérieuse et laborieuse. Elle s'arrache dans la douleur. Elle se heurte à un vouloir farouche de maintenir son « moi ». Les anciens sont impuissants face à la stratégie de la nouvelle école. Ils déploient néanmoins une résistance à la montée en puissance des nouveaux phénomènes sociaux. Qu'on la qualifie de faible, peu importe. Un sursaut d'orgueil les propulse de temps à autre au-devant de la scène conformément à leur statut de chef de famille. Ces anciens assistent, impuissants, à la mutation aussi bien de leur « moi » que de leur environnement.

Les parents, malgré leur attitude de refus ou de révolte à accepter les nouvelles tendances de changements, se plient. Ils s'accrochent résolument aux vertus qu'ils chérissent et estiment en voie de disparition avec le soleil levant des « libertés ». En dessous de leurs intolérances, ils croient redresser et protéger la tige, espoir de leur survie. Le binage, l'élagage ne sont pas des actions nuisibles à la jeune plante. À ces pratiques suivra la cueillette. Une cueillette aussi normale que le soleil quittant l'est pour l'ouest. Une traversée parsemée de difficultés. Il se voit bousculé par les nuages, et plus grave, par les conséquences des actions de l'homme sur la nature. Ces dernières sont guidées par un désir d'améliorer le prestige ou le bonheur matériel. Tous les espoirs restent fondés sur un soleil levant jusqu'à preuve du contraire.

Il n'y aurait pas de salut dans la pensée traditionnelle. La nouvelle génération semblerait le croire. L'idée est absorbée, légitimement ou de force, par les aspirations de la génération montante et soutenue par l'école nouvelle. Elle s'engage dans la voie d'une expression libre, d'un mode d'habillement et d'un mode de pensée avec une certitude de puissance ou d'autosuffisance garantie par les nouveaux partenaires.

Depuis l'accession de nos États à l'indépendance, on assiste à l'effritement de la suprématie coutumière et collective restée sous le contrôle des anciens. Le processus de déstabilisation des anciens, initié par l'école, a été achevé par ses propres enfants. La parole d'un ancien apparaît comme une fleur fanée dans une jarre. Comme si cela ne suffisait pas, on cherche à les évincer définitivement du devant de la scène.

La graine est semée. La plante va germer. La plante, on le croit, avec le temps, deviendra arbre. Les fleurs jailliront confirmant les espoirs d'une longue attente. La cueillette se fera. À ce stade, la sagesse ne permet pas d'atteindre la maturité. Il faut de l'assistance et de la rigueur. Le sacrifice de l'ancien au chevet de la jeune progéniture. La vie se modifie au gré des intérêts présents. L'apparition des fleurs est un signal. C'est le signal de la tendance vers un nouveau stade de la vie. Les fleurs, dans leur beauté et leur parfum, sont l'espoir et le désespoir. Espoir dans le sens que la période des cueillettes s'annonce. Il y aurait l'abondance. L'apparition des fleurs annonce, en d'autres termes, la fin d'un cycle. Après la cueillette prendront le relais la sécheresse et le doute même chez les plus forts.

L'écolier africain se confondait à cette douce et merveilleuse chanson. « **Mon beau village. Connais-tu mon beau village, qui se mire au clair ruisseau. Encadré dans le feuillage, on dirait un nid d'oiseau** ». Plusieurs fois après le « ding » de la cloche, elle annonçait le retour à la maison des petits débutants. Toute la génération des années d'indépendance l'avait comme compagne, pour ne pas dire dans le sang. Une mélodie qui procurait d'intenses moments de fierté chez plus d'un. Le soir, au cours des veillées familiales, la sensation était complétée par les contes que les grandes personnes racontaient à la nouvelle génération, à sa garde. À travers les récits, il était perçu, chez les adultes assis non loin, à travers les mimiques et les expressions de leurs visages, les effets émotionnels de la nostalgie des pluies abondantes, des récoltes, du cheptel…, la terre abandonnée.

Les nostalgiques, installés en ville depuis peu, plus précisément en zone périurbaine ou « **bidonville** », avaient fini de morceler les dunes sablonneuses des Niayes en petites parcelles cultivables en hivernage et en saison sèche. Le morcellement des terres à usage agricole a posé, sur le long terme, un problème foncier. La propriété foncière ou l'accès à la terre est un sujet qui revient très souvent dans les débats de haut niveau. Présentement, le problème persiste. Il est devenu mondial et est traduit en un objectif fixé par les Nations unies. L'objectif vise à améliorer les conditions de vie des populations vulnérables. On ne cesse de proclamer qu'il est temps d'alléger les souffrances des populations les plus pauvres, de mettre fin à l'inégale répartition des ressources naturelles. Les programmes élaborés au niveau des grandes instances reviennent sur les mêmes recommandations : amélioration des conditions de vie des populations, réduction de la pauvreté et de la faim, sans oublier l'accès à l'eau potable… Le droit à une demeure est une primeur du bonheur humain.

Cet objectif des Nations unies nous renvoie aux droits de l'homme auxquels le pays des ancêtres adhère. Pour mémoire, la Déclaration universelle des droits de l'homme date du 10 décembre 1948. En son article 15, elle garantit et affirme le principe d'égalité aux droits d'accès à la terre. Cinquante années plus tard, le nombre de sans-abri continue d'augmenter. Il est de plus en plus difficile de s'offrir un morceau de terre. Les aménagements sociaux ne le sont que de nom.

La gestion de nos terres revenait aux anciens. Le régime foncier était régi par les coutumes. Ce régime se singularisait par une absence de propriété individuelle. La terre était la propriété de la famille, gérée par le chef de famille.

La période coloniale avait essayé d'introduire la notion de propriété individuelle par l'immatriculation. Cette technique n'avait pas connu de succès pour des raisons d'insuffisance d'information, de non-pertinence par rapport aux croyances locales, de refus d'admettre la participation du colon aux affaires locales…

À l'indépendance de notre pays, pays de la nouvelle génération, la loi sur le domaine national a vu le jour le 17 juin 1964. Elle fut modifiée en 1972 avec la mise en place des communautés rurales. Elle a pour but de redistribuer les terres. La loi du 17 juin stipule que la terre appartient à la nation. Le domaine national est réparti en quatre sections. Les articles 7 et 8 de la loi de 1964 prennent en compte les terres régulièrement exploitées pour l'habitat, l'agriculture ou l'élevage. L'article 5 nous renseigne sur les réserves de terres destinées au développement urbain. Les domaines pionniers sont affectés aux projets de développement, particulièrement hydrauliques. La dernière section définit les zones classées. Les zones classées sont à vocation forestière, ou parcs nationaux. Les insuffisances et la complexité de la loi de 1964 ont engendré des situations plus ou moins légales. L'État immatricule, délivre des titres fonciers et baux.

Des parcelles de terre, auto-attribuées, cultivées dans les Niayes, inégalement réparties, étaient délimitées par des arbustes offerts par la nature. Sur simple bouturage, ils se fixaient vite et ne nécessitaient pas un entretien particulier. Ces arbustes jouaient un rôle de brise-vent, de fixateurs naturels des dunes, au-delà de leurs vertus culturales et médicinales. Ils sont, aujourd'hui, menacés de disparition. Pauvre « cèlane ». On se soucie peu de sa survie. Et pourtant, on ne cesse de parler de l'avancée des dunes du littoral du Nord. Sa résistance à l'urbanisation fulgurante de la capitale est faible. Il cède de la place à l'habitat. L'application de la loi sur la protection de l'environnement se heurte de plus en plus à la violation par l'homme des règles de conduite et de protection. La recherche du luxe, considérée comme un facteur de « développement », pourrait en être un vecteur. On terrasse des arbustes. On assèche des cuvettes. On installe de manière sommaire des équipements urbains pour permettre un établissement des populations sur les terrains conquis. D'autres, à côté, cherchent à ériger, sans autorisation, des dortoirs provisoires groupés ou dispersés. Ils ne respectent aucune norme de sécurité. Les abris grignotent de manière flagrante les espaces verts. Dans cette situation de modernisation et d'organisation sommaire urbaine, « l'habitat spontané » prend une dimension importante. Il pousse autour de la capitale.

Sa capacité d'adaptation lui confère aussi un statut d'occupant temporaire des lieux. Repoussés par les extensions perpétuelles de la ville, les occupants illégaux cèdent périodiquement de la place et loin de l'océan. Ils sont les premiers à apporter les premières mutilations à la nature. Les autorités laissent faire au profit d'un clientélisme électoral à la première analyse. Une réserve pour corriger les déficits de voix pour une réélection. Les premières victimes des promesses d'un lendemain meilleur jamais réalisées. Théoriquement, une capitale ne peut vivre sans un bidonville. Une cohabitation toujours difficile. La première accuse, à tort ou à raison, le second d'être à l'origine de tous les problèmes d'ordre social.

Le nouveau citadin planait dans le bonheur que les pluies lui procuraient. La rareté des pluies, ces dernières années, avait rendu sa situation à la campagne difficile. Les menaces de la faim les avaient obligés, lui et les bras valides, à fuir vers les grandes villes du pays. Les programmes de soutien et de soudure ou de développement local étaient restés impuissants face à leurs multiples sollicitations. Il se rappelle. Il était de tradition, en l'absence de pluies d'une durée aussi longue, que les populations s'organisent. Un carnaval, le ***bawnane***, était décidé. S'il arrivait que l'on restât jusqu'en mi-juillet sans voir une goutte d'eau toucher terre, les anciens et les responsables coutumiers se réunissaient et convenaient d'une date de sa tenue. Ce rassemblement n'avait rien à voir avec des festivités. C'est un rite, une danse spirituelle dont seuls les initiés sont dépositaires. Cette « danse masquée » balayée par le vent des temps modernes hors de la capitale regroupait toutes les couches de la population. La manifestation de soumission en direction du Seigneur se terminait habituellement par une averse sur les implorateurs. La réponse instantanée du Divin aux manifestants était une source de renforcement de leurs croyances.

La pluie, tant attendue, tant désirée, offrait une occasion solennelle aux petits de gambader, torse nu, à travers les rues à la recherche de flots stagnants. Ils se jetaient des boules de terre que l'eau ruisselant sur leur corps nettoyait à l'instant. Au même moment, les adultes, sous un abri, admiraient, sourire aux lèvres, la chute libre des eaux. Des eaux, qui venaient de là-haut, goutte à goutte, finissaient par devenir une corde fluide, suspendue quelque part dans un ciel noir. L'homme ordinaire, de son refuge, cherchait en vain à pénétrer ce mystère qui lui procurait autant de soulagement. Un mystère qui, par la succession de nuages noirs, s'échappait du ciel. De ce ciel noir soufflait un léger vent frais et humide. Un vent qui, progressivement, faisait place à des gouttelettes d'eau, qui à leur tour, devenaient intenses. Ne trouvant aucune réponse à tous ces phénomènes naturels, l'ancien se résignait et s'en remettait à ce qu'il croyait. Il se limitait à ce qu'il voyait et à l'idée que « s'il pleut, c'est parce que Dieu l'a voulu ».

À l'école nouvelle, il est enseigné aux enfants que la pluie résulte de la condensation de vapeurs d'eau. Que les vapeurs d'eau sont produites à partir des effets solaire et éolien sur les cours d'eau, lacs, marigots. On se suffit de cette hypothèse. On a recours à la météo pour d'autres phénomènes liés au même sujet. La leçon est difficile à faire accepter à l'ancien qui ne se reconnaît plus à travers ses enfants et se contente de répondre que la pluie est là, parce que Dieu l'a voulu. Voir la pluie tomber est une source de bonheur. Le tambourinement de l'eau sur la tôle a une résonance agréable. Les nostalgiques, dans leurs rêves, se retrouvaient à des centaines de kilomètres de leur résidence traditionnelle.

Au fur et à mesure que la pluie persistait et arrosait le village, une autre composante de la population, les filles, entrait à son tour dans le jeu des enfants. Elle y trouvait un plaisir. Sous prétexte de laver la vaisselle, les filles s'installaient dans la cour, sous les rebords des toits, afin de recevoir des coulées d'eau importantes. Une occupation, au départ banale et amusante, devenait une sérieuse corvée. Elles enchaînaient avec le linge de la famille. Puis, elles passaient à la récupération, à l'aide de bassines, d'une quantité d'eau qui servirait des jours durant à des travaux domestiques. Un geste de soulagement temporaire pour une partie des travaux domestiques assignés aux femmes. D'habitude, du petit matin au coucher du soleil, elles défilaient entre les concessions et les points d'eau, chargées sur la tête de bassines pleines du liquide précieux pour les besoins courants familiaux. Les chants matinaux des oiseaux, les conversations et les bousculades, le grincement des cordes autour des poulies sonnaient le réveil dans le village. Les points d'eau, situés à la sortie des habitations, constituaient des lieux très fréquentés par les adolescentes. C'est aux points d'eau qu'elles réglaient leurs différends ou fixaient leurs rendez-vous et mettaient en œuvre leurs plans.

La joie de voir l'eau tomber du ciel est sans commune mesure. « **Mon beau village** » est resté significatif. Le rideau fluide réveille des souvenirs, le reflet des attitudes quotidiennes définitivement adoptées ou temporaires. En revisitant le registre de ceux qui regardent dans le rétroviseur, s'y ajoute Grand-père avec des histoires pas ordinaires. Ce dernier disait que le quatorze juillet était une date pluvieuse par excellence. La pluie ne manquait jamais ce rendez-vous. Un pacte avait été signé entre cette date et la pluie. Le même pacte avait été scellé entre les anciens combattants et la France.

De mythiques hommes, devenant rares dans notre continent, continuent d'impressionner. Ils impressionnent par leur accoutrement, par leur démarche et par leur discours. Qu'ils sont imposants ! Poitrine bombée, décorations pendantes, ils célèbrent avec fierté la libération de la mère patrie. Nos ancêtres, les Gaulois, sont bien connus au Soudan occidental. Par leur allure, ils se sentent revivre des moments pénibles. Le froid et la mort sont restés leurs meilleurs souvenirs. Le sifflement des balles perdues, l'explosion des obus et le ronronnement des moteurs des avions résonnent toujours dans leurs oreilles. La musique des fanfares rythme leurs cadences. Les toqués du village, comme aiment les surnommer leurs frères d'âge.

Le regard lointain, les rescapés vous parlent de leur séjour glorieux de l'autre côté de la Méditerranée, de l'Asie ou de l'Afrique du Nord. Ils décrivent avec passion leur bref passage en France, en Algérie ou au Vietnam. Pendant le discours, ils se transforment, dans un processus ascendant, en de véritables machines à tuer. Bête blessée, prête à bondir sur un agresseur, qu'ils sont seuls à voir. La période invisible, qui les sépare de leurs interlocuteurs, remonte à plus d'un demi-siècle. Le contact non préparé avec la poudre, le bruit des canons, le froid et les cadavres ont profondément bouleversé leur raisonnement. Pour d'autres, c'est une simple manière de se mettre en valeur, de se refaire une place dans la communauté. Ils sont assimilés à une bande de jeunes qui se racontent les premières aventures amoureuses. Moment inoubliable. Qu'il est beau de se souvenir !

On s'entête à croire que la puissance de la technologie et l'émergence de la nouvelle génération avec leur théorie de développement, à tort ou à raison, planent sur la sagesse. En tout cas, depuis la fin du 19e siècle, les fruits de la colonisation pacifique se vendent mieux. Malgré tout, les anciens se maintiennent et s'imposent de fort belle manière.

« **Mon beau village** » est une des pages de l'histoire à tourner. L'évocation des éléments ci-dessus permet de décrire l'ambiance, de circonscrire et de déterminer la période de naissance de « **mon beau village** ». Un village, parmi d'autres, érigé en pleine capitale. Oui, la loi sur l'administration territoriale a reconnu l'existence de villages en milieu urbain. Une particularité de la côte de la presqu'île du Cap-Vert. Les pêcheurs lébous, parmi les premiers habitants de la côte Atlantique, en sont les occupants.

L'espace de « **mon beau village** » se situe dans la portion comprise entre la route nationale numéro un au nord, connue sous le nom d'« Autoroute », à l'ouest, la route de Cambérène, et au sud la route de Rufisque, devenue boulevard du Centenaire de Dakar. Ces trois axes forment, bizarrement, un triangle pour l'envelopper. Les habitations sont plus proches de l'intersection formée par la route nationale numéro un et la route de Cambérène. En d'autres termes, **« mon beau village »** est dans la région de Dakar et est, aujourd'hui, une partie intégrante du département de Pikine. Il marque la limite des départements de Dakar à l'ouest, de Guédiawaye au nord et de Pikine à l'est.

Si la jeunesse bouscule tout sur son passage, les autorités territoriales négocient la récupération et la transformation des espaces traditionnels en des espaces modernes. Un statut spécifique leur est attribué. Les terres des autochtones sont des biens qui relèvent d'une lignée. Elles se transmettent de père en fils. Elles ne peuvent être léguées que sur avis des autres membres de la lignée. Elles constituent une propriété collective. En dehors des considérations administratives et statutaires, les villages traditionnels imposent aussi une architecture. Une architecture fondée sur une base culturelle et spirituelle. Ce qui justifie le privilège de bon voisinage entre la nouvelle cité et les autochtones.

Keur Demba, installé sur les lieux juste après la Seconde Guerre mondiale, a subi, au fil du temps, de profondes mutations. L'évolution et le style de la cité de la nouvelle génération étouffent et grignotent le type d'habitat traditionnel. Les habitations des anciens sont composées de baraques avec un toit en tôle ou en tuiles rouges pour les chefs de famille et des cases carrées au toit de paille tout autour pour les autres occupants sous leur tutelle. Les ruelles de séparation sont pratiquement inexistantes. On passe d'une concession à une autre, d'une case à une autre.

La date de création de Keur Demba est vague. Les multiples recherches, les recoupements d'événements et les concertations, l'âge du premier fils du fondateur du village est désormais retenu comme point de repère. Il capitalise, depuis la fin du millénaire, la cinquantaine d'années. Il est né un jour, aux environs de l'an 1945. De là, il est alors probable que Demba soit parti du Soudan occidental ou Mali, à l'orée de la Seconde Guerre mondiale. Il aurait fait une escale dans le Saloum. Il traversa le Sénégal dans l'axe est/ouest. Il trouva refuge dans ce coin tranquille de la capitale, s'y installa définitivement jusqu'à ce que mort s'ensuive.

Demba, installé, fut rejoint, plus tard, par des proches. Les premiers occupants avaient comme activités économiques principales le maraîchage et la floriculture. Les hommes cultivaient et les femmes commercialisaient. Elles s'en allaient, très tôt le matin, chargées de paniers de légumes verts et de fleurs vers les grands marchés de la ville. Elles revenaient au village en milieu d'après-midi avec des provisions pour les repas de la journée et du lendemain. Les couples vivaient dans une complicité économique parfaite.

Le nom des jours changeait et non le travail. Le travail de la terre était cyclique. Chaque jour, de l'aube au crépuscule, elles étaient entre les jardins, le marché et la maison. Elles cueillaient, coupaient, lavaient et rangeaient tout avec soin dans des paniers. Elles emballaient de manière à ne pas coincer les feuilles, les légumes ou les fleurs. Elles faisaient appel aux solides bras des travailleurs saisonniers toujours disponibles pour acheminer les colis emballés aux points de collecte au bord de la route de Cambérène. Leur ramassage pour la destination finale se faisait à partir du crépuscule et pouvait se poursuivre jusque tard dans la nuit.

Le maraîchage a besoin d'hommes valides et musclés. À en voir un, torse nu, ruisselant de sueur, on en concluait la présence d'une bonne santé. Les *sourga*, aidés des membres de la famille d'accueil, sont chargés de l'arrosage et de l'entretien du jardin à longueur de journée. Cependant, le planning cultural était détenu par le chef de famille et madame(s). La saison était déterminante dans la variation et la rotation des semis. Les lois de l'offre et de la demande étaient un autre facteur d'orientation.

Tapis dans la verdure de la Grande Niayes, cette quinte de concessions se souciait peu des tracasseries de la ville. L'établissement des hommes de classe sociale peu « reluisante » et venant d'horizons divers dans un milieu est en fonction de ce que la nature offre. La zone de Keur Demba est répartie en deux parties. La première est occupée par les cours d'eau et la seconde abrite les demeures et il s'y pratique le maraîchage. L'habitat n'occupait que le dixième des terres cultivables.

Au regard de la topographie générale de la région de Dakar, on apprend beaucoup sur les phénomènes d'inondation que nous connaissons de nos jours. La côte Nord est bordée d'un cordon sablonneux sur une largeur de deux à trois kilomètres. Le cordon sablonneux isole une série de dépressions humides, parfois de véritables lacs, salés ou non, dont le niveau est de temps à autre inférieur à celui de la mer. En arrière et au sud du cordon dunaire, et s'appuyant sur le plateau sédimentaire de Bargny, s'étale une région de sables dunaires assez bien fixés et aplanis. Les dépressions entre dunes sont jalonnées de nombreuses Niayes qui marquent parfois la trace d'un ancien réseau hydraulique où on peut observer un écoulement en saison des pluies.

La presqu'île du Cap-Vert, où se développe la ville de Dakar, est constituée de formations sédimentaires soulevées. Elles sont en relation avec un volcanisme récent, dont les épanchements ont donné naissance à la pointe de Bel-Air, l'île de Gorée, le cap Manuel, les îles Madeleine, les Mamelles et la corniche de Fann. Les coulées s'enfoncent insensiblement à l'est sous les apports alluviaux sableux à la hauteur de l'axe Yoff/Hann.

Par l'effet de l'exode rural, conséquence de la longue sécheresse, la campagne fut désertée par sa population la plus vigoureuse. Elle pensait que la ville serait le refuge le plus sûr. Il était impératif et urgent d'y aller et de trouver à manger pour ceux qui sont restés dans les villages. La frange de la population en quête d'issue de sortie de crise se disait que la situation de déplacés ne serait pas longue. Elle repartirait de la ville le plus vite possible pour la reprise du chemin des champs. L'implantation des nouveaux venus dans le milieu urbain était considérée comme temporaire. Ils y aménageaient des huttes, juste pour résoudre un problème ponctuel de dortoir. Ils n'avaient jamais à l'esprit de s'y fixer pour longtemps, ni définitivement. Le retour au village de départ était une question de temps, de jours ou d'années. La rareté des pluies prendrait bientôt fin. Le goût des travaux champêtres leur était resté.

Théoriquement, les ruraux étaient les vecteurs de la création de situation de non-maîtrise de la démographie urbaine et de ses corollaires. Alors, des programmes de tentative de dissuasion à l'exode rural sont proposés. Pour d'autres (chercheurs et théoriciens), la ville est une émanation de la rencontre d'individus venus d'horizons divers pour satisfaire les besoins de nouvelles aspirations.

Des normes de cohabitation sont établies pour disposer d'un cadre de vie meilleur. Ceux qui ne remplissent pas les conditions préétablies par la ville se retrouvaient privés des privilèges du modernisme. Dès lors, ils s'organisent de manière informelle et deviennent un conglomérat composé de fonctionnaires subalternes, d'ouvriers rattrapés par l'insuffisance de leurs moyens et des nouveaux déplacés de la campagne, venus se faire une nouvelle vie.

Le quartier flottant

Au fil des années, entre 1970 et 1980, la situation agricole continuait de se dégrader. La vie en milieu rural devenait de plus en plus insupportable. La Communauté internationale a dénommé la période « décennie de la grande sécheresse dans le Sahel ». Des villages entiers se vidaient des populations actives. La campagne était au bord de la famine. De multiples événements se produisaient. Des faits divers alimentaient les conversations, allant du réel au surréel.

Des souris, sorties de nulle part, avaient envahi le territoire national et mettaient les plus tenaces les genoux à terre, pour ne pas dire quatre appuis. Elles donnaient le coup de grâce aux derniers greniers. Elles faisaient peur. À leur sujet, il est rapporté que, dans un village, dans un coin du territoire national, une souris, recevant un coup de bâton, rétorquait à son agresseur qu'elle avait aussi faim que ses enfants. Autant d'histoires terrifiantes et imaginaires qui avaient fini d'anéantir toute forme de lutte contre leurs nuisances. Il a fallu une intervention rigoureuse des services de l'État pour redonner confiance aux populations. Les artistes du monde ne sont pas restés insensibles à la situation. Ils avaient organisé des campagnes de sensibilisation, nommées « actions contre la faim ». La mobilisation internationale était sans commune mesure. Des programmes étaient conçus et déroulés en urgence.

Face à cette catastrophe naturelle, la seule option, pour une frange de la population, était de partir. Partir temporairement afin d'éviter le pire. Il n'y avait plus rien à se mettre sous la dent. Les greniers vides, la brousse devenue une clairière et le bétail avait le museau ouvert et les yeux mi-clos. La scène était désolante et insupportable pour un cœur tendre. Partir était une décision ultime et non obligatoire. La destination était portée vers les grandes agglomérations où on trouverait à manger pour soi et pour les autres. Ceux qui étaient restés au terroir n'avaient pas d'alternative. Leurs handicaps étaient de divers ordres : âge, santé, espoirs…

La ville s'ouvrit, sans planification, à de nouveaux pensionnaires. La conséquence directe était la croissance de la demande de logement. Chaque semaine, à la périphérie, s'installaient de nouvelles familles. Keur Demba, site d'accueil par excellence, laissait les baraques pousser comme des champignons à l'ombre des feuillages. De tout temps, des groupes se détachaient des villages pour rejoindre la ville. Dans les concessions des premiers arrivés s'entassaient frères, cousins ou de simples recommandés venus du même village ou d'un village voisin. Le rythme était incontrôlable. À pas de géant, l'histoire du village prenait une nouvelle tournure et le plan de l'habitat tendait vers une nouvelle configuration.

Keur Demba offrait, au-delà du logis, du travail saisonnier à ceux qui voulaient continuer le travail de la terre. Un bon nombre opte pour cette solution. L'habitude est une seconde nature. Sa proximité avec la zone franche industrielle est une autre opportunité d'offre d'emploi. Sa situation géographique facilitait des déplacements moins coûteux vers la ville, les industries de la zone de Bel-Air, de la baie de Hann avec ses poissonneries et ses chalutiers… La nouvelle main-d'œuvre était employée en qualité de manœuvre non spécialisée.

Chacun pouvait argumenter le motif de son départ pour la ville. La sécheresse est le motif fondamental. De l'arrivée de tout ce beau monde à Keur Demba, celle de Tidjane était, également, particulière. Elle était aussi particulière que la venue de Demba sur les lieux. Commerçant de son état, il voyait ses affaires décliner. Chaque matin, comme un ouvrier faisant le tour des chantiers à la recherche du travail, il partait de son domicile, à Guédiawaye, zone nouvellement aménagée pour les recasés de Baye Gaïndé, à la recherche, lui aussi, d'un nouveau site. Sa découverte de Keur Demba est restée mystérieuse. Fait qui se disait non ordinaire. En homme de Dieu, il méditait et cherchait une porte de sortie de crise. Un matin, sans précipitation, Tidjane prit l'axe sud/ouest. À pas feutrés il sortit de son quartier, emprunta un sentier qui prenait départ à l'emplacement du Centre Sauvegarde de Guédiawaye. Il longeait les dunes limitant le grand marigot du Technopole, côté nord/ouest. Il égrainait tranquillement son chapelet à pas mesurés et en s'orientant pour ne pas perdre l'axe sud/ouest.

Il marchait à travers jardins, broussailles et cours d'eau. Il en fut ainsi pendant de bonnes heures. Il déboucha sur l'autoroute, à hauteur de l'actuelle Cité Fayçal. Il traversa l'autoroute. Il emprunta, de nouveau, un sentier à travers d'autres jardins. Subitement, il fit face à des habitations. Sous un figuier, à l'entrée du village, il marqua un temps d'arrêt. Tout se bousculait dans son cerveau. Calmement, il s'invita dans l'une des concessions où il ne trouva que des enfants et des adolescents. Il demanda où est-ce qu'il pouvait trouver le principal chef. Il lui fut indiqué un chemin, encore, à travers des jardins, dans une autre cuvette. Il l'emprunta pour retrouver enfin Demba, assis sous l'ombrage d'un baobab. Il faisait dos à un bâtiment délabré. Cette rencontre s'était passée vers la fin de l'année 1967.

Il reçut le quitus de Demba pour s'installer et reprendre, à nouveau, son commerce de denrées diverses. Il y élit domicile, définitivement, après des mois de va-et-vient entre son ancienne résidence et son nouveau lieu de travail. En homme influent, il est parvenu à convaincre Demba d'accepter l'établissement de nouveaux chefs de famille en général et de la communauté hal pulaar en particulier.

De la décision d'accueillir de nouveaux visages à la découverte officielle de l'occupation irrégulière d'un morceau de terre, **« Mon beau village »** commence à fondre comme du beurre au soleil. Le processus de changement est enclenché. Il se métamorphosa selon la volonté des arrivants. « **Mon beau village** », tout doucement, se départit de sa verdure et de ses cours d'eau. Le cadre naturel est brutalement agressé. La demande d'hébergement croissait de manière surprenante et non maîtrisée. Les manifestations d'intérêt venaient de toutes les couches de la société. La résistance aux offres pécuniaires devenait flexible. Les quelques « propriétaires » de zones cultivables entraient dans le jeu de la spéculation foncière. La propriété familiale était cédée, pour une raison ou une autre. Ils vendaient un morceau de terre dont ils ne pouvaient pas justifier la provenance.

La mainmise sur les terres renvoie aux textes régissant la répartition des terres par la loi de 1964. D'après elle, la terre appartient à l'État et forme le domaine national, mais la propriété individuelle est respectée. Le paysan n'a aucun droit sur la surface qui lui est attribuée. Il lui est seulement autorisé d'y cultiver.

À la place des planches de légumes et de fleurs, germaient des abris de fortune. Le morcellement des parcelles était fait sans aucun respect des normes d'urbanisation les plus élémentaires. Les cours d'eau sont remblayés à l'aide de camions de gravats ou d'ordures. La succession des actions de lutte contre les eaux stagnantes et la poussée des plantes, soutenues par la raréfaction des pluies, ont pris le dessus sur les quelques rares traces restantes du marigot qui traversait le village. Les plus importantes transformations subies par l'environnement sont l'œuvre de l'homme. À chacun sa façon d'agir et la raison qui l'anime. Quelle que soit la raison, l'environnement, à un court terme, nous mettra face aux conséquences.

Depuis l'installation importante de foyers, la nature, qui était très clémente et source principale de revenus pour les anciens pensionnaires, était fortement secouée. La destruction du bois et des cours d'eau était guidée par la recherche d'espaces destinés à satisfaire les aspirations nouvelles de l'homme. Il ne serait pas facile de prendre en compte toutes les justifications évoquées pour rendre légitime la détérioration de l'environnement. Des actions qui se réfugient derrière des expressions comme le « progrès », le « développement »... Des prétextes discutables. Ceux qui ont connu cette zone intercalaire de verdure entre Dakar et Pikine ressentent un pincement au cœur.

À l'ouest de la première ville populaire de la capitale bâtie en 1952, on admirait une broussaille semi-sauvage. Les natifs de la ville y découvraient leur première brousse pour mémoire de leurs leçons de géographie. Ils s'imaginaient voir dans cet espace vert, cachés des bêtes féroces, des rampants, des oiseaux... comme dans la jungle. Des deux côtés de la route se dressaient des filaos géants qui laissaient à peine entrevoir, au milieu de cette flore et faune, quelques tôles brillant sous les rayons du soleil. Aucune habitation ne pouvait y être imaginée. Quelle est l'inspiration qui a poussé l'homme à s'installer dans ce milieu hostile ? On se posait cette question par rapport aux équipements urbains, aux dangers que pouvaient constituer des animaux. Ces pensées trottaient dans un esprit rempli d'images fictives... Les fuyards de la campagne avaient besoin de place pour donner forme à une aspiration nouvelle.

Dans la vie, tout change. Disons, dans la vie, les choses évoluent au même titre que les vivants. Les nouvelles étapes sont décrites comme « développement ». Même si comparaison n'est pas raison, on concède. Un point de repère est nécessaire pour s'orienter. Il est dit : « Si on ne sait plus où on va, on revient à son point de départ ». Le présent est enrichi par le passé.

Le nom de « Keur Demba » n'avait pas échappé aux mutations. Progressivement, Keur Demba adopte le nom de **Dalifort**. Il en sera le nom administratif. Un nom parmi les plus populaires, qui a voyagé à travers le monde, inscrit dans les pages des rapports des conférences mondiales telles que celle d'Istanbul.

Dalifort, espace résidentiel, a connu entre autres des noms comme Keur Demba et Croisement Cambérène. Aujourd'hui, **Dalifort** donne son nom à la commune d'arrondissement. Il lui est accolé le terme « Foirail ». Cela explique que l'aire du quartier est au-delà des limites d'habitations.

D'où ce nom est-il sorti ? Que peut bien signifier « Dalifort » ? Des interrogations suspendues aux lèvres d'un bon nombre de personnes, sans réponse. L'origine des noms de résidences suscite peu d'intérêt. Pour mieux comprendre l'histoire d'un pays, d'une ville ou d'une zone, il importe de connaître la signification de son nom. Le nom est toujours une dérive historique ou géographique… Keur Demba faisait référence au premier locataire des lieux. Le second, Croisement Cambérène, était un point de repère. C'est l'intersection de l'autoroute et de l'embranchement de la route qui mène au village traditionnel lébou de Cambérène. Tout laisse croire que ce nom, **Dalifort**, est tombé de nulle part. Soit, remontons le temps. Faisons des recoupements d'informations. Écoutons la sonorité ou décomposons le mot. Le nom trouverait origine quelque part. Il y a plusieurs explications. Chacune mérite une attention. Nous en citons deux comme illustration.

D'après mes recherches faites dans le cadre du démarrage des activités du Projet pilote de Restructuration et de Régularisation foncière de l'Habitat spontané par la DUA/GTZ en 1986/1987, le fils aîné du fondateur de Keur Demba renseigne que le nom « Dalifort » viendrait d'une boutade. Elle disait aux nouveaux venus : « ***fii kunu dalal nga foort*** », littéralement : « qui y est hébergé devient fort », nous raconte un responsable de l'équipe sociale DUA/GTZ et de la fondation Droit à la Ville.

Certains assimileraient le mot « fort » à la force. Ils traduisent cette forme de puissance aux nombreuses victoires qu'ils ont obtenues sur la nature, sur leur entourage ou à la résistance des occupants. Il peut se traduire comme « **force de frappe** », « **contact de choc** »…

La seconde nous est servie par un vieil habitant de Hann-sur-Mer, pêcheur converti en maraîcher. Il raconte que « **mon beau village** » se mire au clair marigot de la Grande Niayes. Le marigot se situe à la sortie de la ville de Pikine, de part et d'autre de l'autoroute, en allant vers Dakar-ville. Un espace, aujourd'hui occupé par le projet « Technopole » au nord et la zone de la SOGAS, ex-SERAS, au sud-ouest de l'autoroute.

Il joue un rôle très important dans la régulation naturelle de la vie des populations dans la capitale. Le jargon des écologistes parle de « poumons verts ». De par la clarté de son eau, les riverains lui attribuent le nom de « *Deex Meew* », terme local (« marigot de lait » ou « marigot au lait », comme il plaira). Une eau douce et claire, les populations, par comparaison, l'identifient au lait.

La masse d'eau sépare diagonalement les départements de Guédiawaye au nord, Pikine à l'est et Dakar à l'ouest. Elle traverse l'autoroute dans le sens nord/est, sud/ouest et se divise en trois cours d'eau. Deux des trois sont, aujourd'hui, remblayés, morcelés et attribués pour logements par des promoteurs immobiliers reconnus par l'État. Le restant et semi-visible sépare le quartier Darou Salam, les foirails à l'est et le reste de la commune de Dalifort-Foirail à l'ouest. Il résiste encore aux multiples tentatives de son assèchement par l'homme (des ateliers mécaniques auto).

L'eau douce de « Meew » permet l'essor du maraîchage et de la floriculture dans la presqu'île du Cap-Vert. Les activités de contre-saison, traditionnelles et complémentaires à la pêche, sont des facteurs incontournables d'une économie informelle gérée par des familles lébous de Hann, de Cambérène ou de Thiaroye. Chacun des trois cours d'eau au sud-ouest de l'autoroute issus de la division de « Meew » aurait été le berceau de secteurs économiques secondaires définis.

Le village de Cambérène se situait, en premier, sur le flanc nord-ouest de « Meew ». De ce flanc sablonneux, bordant les rives du marigot, se perchent présentement les cités Fadia et Golf Sud. On aurait appris, de sources anciennes, que le village devait être déplacé à la suite d'une épidémie de peste au début des années 1900. Les populations se sont retranchées sur la côte de l'océan Atlantique, plus au nord de la région du Cap-Vert. Les mêmes populations de Cambérène continuent d'avoir une mainmise sur cette partie des Niayes. La bande verte et humide allait de Dakar à Saint-Louis. Ce qui en est resté, dit « poumons verts », permet à Dakar de bien respirer. Elle régule l'écosystème de la capitale. Sa survie est due à la vigilance des « amis de la nature » après plusieurs tentatives de son ensablement par des tiers pour un programme de logement dit « sociaux ».

Retour sur l'histoire des trois cours d'eau, situés côté Sud de l'autoroute et qui sont un prolongement de la Grande Niayes vers la mer. Chaque branche correspondait à un détail précis. Donc « Meew », traversant l'autoroute par le biais d'un tunnel, s'est divisé en trois ruisseaux. Ils donnaient la forme d'une patte d'oiseau. Les oiseaux ont en général quatre doigts. La disposition des doigts est très variable selon les espèces. L'arrangement le plus commun est un doigt en arrière et trois en avant. C'est le cas des oiseaux chanteurs et des rapaces.

Le premier cours d'eau correspond à l'ancien axe de drainage de la Grande Niayes de Pikine, dont l'exutoire se situe dans la baie de Hann. Encore agonisant, il sépare la commune d'arrondissement de Dalifort-Foirail en deux parties. Il servait aux récupérateurs du dépôt d'ordures situé, à l'époque, derrière l'usine textile SOTIBA avant sa délocalisation à Mbeubeus. Un lieu, bien connu des banlieusards, portait le nom de « **Mbalitu tubab** ». Il recevait les ordures ménagères des nantis de la capitale. Les jeunes de la banlieue trouvaient du plaisir à s'y rendre dans le but de ramasser des jouets ou des objets de valeur. À côté des visiteurs occasionnels, il y avait des professionnels. Un groupe d'individus, d'âge variable, mais adultes, récupérait et recyclait des morceaux de tissus, à longueur de journée. Chargés de leurs baluchons, les ramasseurs se rendaient à « **Gurel tekke** », le campement qu'ils avaient érigé sur la rive gauche du cours d'eau, dans le sens de l'exutoire. Le « **campement des chiffonniers** » est aujourd'hui occupé par le quartier de Darou Salam. Ils se servaient de l'eau douce pour laver les morceaux de tissus récupérés. Le campement se désignait par les termes « **Dali For** », qui signifient « site des ramasseurs ». Une activité informelle qui continue, de nos jours, d'exister. La source d'eau utilisée pour le lavage des chiffons a cependant changé. Ces professionnels, non pris en compte dans la vie économique, utilisent des puits artisanaux en pleine capitale.

Les pêcheurs itinérants, venus de la Petite Côte, de Kayar, de Saint-Louis…, s'implantaient aux abords du second et central cours d'eau. Quittant la plage de la baie de Hann, ils s'y rendaient à la recherche d'eau douce pour les besoins domestiques et de consommation. L'emplacement le plus connu et indiqué est présentement occupé par l'hôtel Hacienda. Le site temporaire d'implantation était appelé « **Dali Mole** ». En termes wolofs, il désigne le « site des pêcheurs ». Le cours d'eau, central, a fait définitivement place, en cette fin de millénaire, aux cités Soleil, Hacienda et Élisabeth Diouf.

Quant au troisième cours d'eau, il partait du flanc des résidences Fayçal, traversait l'autoroute, serpentait entre les jardins de Baye Fally, côtoyait ceux de Keur Demba pour continuer sur le site de l'actuelle société des mèches Darling et de la cité Scat Urbam ou Hann Maristes, côté sud-ouest. Il arrosait les jardins de Keur Demba et abreuvait les porcs de Marie et compagnie. Il était enjambé par la route bitumée du segment qui relie la route de Rufisque à la nationale numéro un. La rive gauche de cette troisième branche recevait le contenu des camions de déchets alimentaires venant des magasins de la rue fruitière de Dakar ou des industries agro-alimentaires. Les fruits et légumes, pourris ou périmés, déversés clandestinement par les camionneurs à Keur Demba, étaient destinés aux porcs. Les populations de Keur Demba, les éleveurs de même que les habitants de Hann ou de Cambérène, se servaient en premier pour leurs consommations familiales. Les récupérateurs reléguaient au second plan toute idée de maladie que la consommation de ces produits pouvait leur donner. Ils se servaient au maximum, s'en allaient faire le premier rinçage dans les « **séanes** »[1] ou au cours d'eau. La présence de ramasseurs, sur le site, comme au premier, est aussi dénommée « **Dali For** ». L'emplacement exact du cours d'eau est occupé par le terrain de football et la case foyer au centre du quartier traditionnel. Les camions déversaient leur contenu sur les lieux occupés par les garages mécaniques sous les lignes de haute tension séparant la Cité des Assureurs et le quartier de Dalifort. Un vrai dépotoir « alimentaire ».

En somme, la zone de Keur Demba avait été identifiée, également, comme « ***Dali For*** » à cause des récupérateurs qui guettaient, à longueur de journée, des camions chargés d'aliments ou autres. La transcription administrative des termes wolofs « ***Dali For*** » a abouti à l'orthographe **Dalifort**. Elle a donné naissance à une nouvelle prononciation du terme. **Dalifort** est devenu un seul mot à la place de deux. En conclusion, le nom « **Dalifort** » n'est pas une création, mais plutôt une transformation ou déformation linguistique.

L'oralité dans le système traditionnel pose encore le problème d'authentification, plus spécifiquement pour les informations collectées avec des dates incohérentes auprès d'anciens.

Pour eux, il s'agissait de faits banaux, à durée déterminée, temporaires et ne nécessitant aucune attention particulière. Le mal, pour la vérification de certaines réalités africaines, est l'absence de l'écriture. Des expériences ont été ainsi englouties par le temps. Les propos d'Amadou Hampathé Ba : « Un vieillard qui meurt est une bibliothèque qui brûle », pourraient se justifier. La compréhension faite de cette citation est « qu'en l'absence d'un témoin le vide s'installe, les

---

[1] Ce sont des puits de deux à trois mètres de profondeur avec une passerelle permettant au jardinier de puiser sans utiliser de poulie.

hypothèses se succèdent ». Moment à partir duquel prend la parole qui la veut pour défendre sa version. Partant, la vérité n'est plus absolue. Il ne reste que de vagues souvenirs pour confirmer ou infirmer une position, un événement… Trouver des écrits en de pareilles circonstances est impossible. Plus le temps passe, plus les repères disparaissent ou bougent. Peu importe la qualité des mémoires qui retiennent les événements, les oublis peuvent survenir. Ils seront déformés par les générations qui se succèderont. L'oralité rend difficile la restitution d'événements de plus d'une génération d'ancienneté. C'est cela aussi qui pourrait, partiellement, justifier les contradictions et les débats. Chaque intervenant a son interprétation d'un événement, d'une situation… À chacun sa raison. Chaque raison est déterminée par sa source, son degré de compréhension et de sa capacité d'analyse. Il n'y a pas encore longtemps que l'on se sert de l'écriture dans nos assemblées.

La communauté en formation se préoccupait de mieux organiser l'arrivée massive de nouveaux déplacés. La demande d'abris n'avait pas connu de répit depuis la découverte de la planque de Demba et compagnie. Des arrivants cherchaient où dormir jusqu'à un lendemain meilleur. Ils venaient d'horizons divers, pour ériger un camp de réfugiés traqués par la nature. Bois, paille, tôle… assemblés servaient de dortoir précaire. À la seule différence, ici, installés, ils cherchent à délimiter une zone de propriété privée.

La situation de l'habitat commençait à être non maîtrisable par Demba et compagnie. Il fallait vite réagir, la reprendre en main. Un système d'auto-organisation, pour gérer l'environnement et la vie quotidienne, est mis en place. Le groupe s'est rangé derrière de grands stratèges pour échapper à la surveillance de l'administration territoriale. Leur manège était difficile à démasquer par un singulier. La communauté savait, de manière vague, les risques liés à leur action. Il fallait anticiper les décisions administratives à venir. Le déguerpissement et sans recasement était une des sanctions les moins lourdes. Les responsables pouvaient recourir à des peines d'emprisonnement et à des amendes pour avoir une mainmise sur un bien public ou privé. Pour échapper à la surveillance préfectorale, la population se blottit dans le feuillage dense des jardins.

Demba vivait avec ses frères, Mamadou et Moussa. Les deux derniers avaient leur beau-frère à leurs côtés, Sitor. Le domicile d'Abdou Diop, l'une des figures très connues de la communauté, fermait l'entrée de Keur Demba. Parmi ces premiers, il y avait deux autres personnes non moins importantes. Elles étaient des membres de fait de la communauté. L'un était malien, on l'appelait Koma, sans famille. L'autre était un déficient mental qui se nommait Baba Koda, nom pulaar qui signifie « papa cadet ». La boutique de Tidjane terminait, désormais, la chaîne de domiciles du côté de la route de Cambérène.

Les leaders comme Demba, Tidjane, Abou, Bocar, Amadou, Samba, Fodé, Saïgué, Gilbert, Bara et tant d'autres, étaient armés d'une forte culture spirituelle ou soutenus par un courage sans pareil. C'étaient de fortes personnalités. Ils ne voyaient, devant eux, que la justice sociale. La philosophie de l'entraide arrosait leur pensée. Le mot « impossible » n'existait pas dans les pages de leur livre intitulé « logique ». Le matérialiste de l'homme moderne n'était pas dans leur ligne de mire. Ils servaient et ne se servaient pas. Le groupe de dirigeants de la communauté ne s'enfermait pas dans une conception close et dogmatique de la vie. La fortune était à leur portée. Ils s'en étaient détournés. Ils aimaient à rappeler que « Dieu a guidé leurs pas jusqu'à cet endroit, leur y offrit la terre pour vivre et un foyer pour leur pérennisation. Ils Lui en rendent grâce. Ceux à qui Il prêtera longue vie, leurs enfants, récolteront les fruits de leur initiative ». Ces propos étaient, pratiquement, repris par tous et à des occasions solennelles.

Demba et Tidjane étaient complémentaires et complices. Ils se voyaient très régulièrement, en tête-à-tête, pour discuter de décisions importantes. Malgré la confiance que leur octroyaient leurs pairs, ils soumettaient, à leur tour, leurs pensées accordées en public. Chacun avait son mot à dire de la chose commune. Ils n'auraient, certainement, pas eu de gêne face à la nouvelle génération qui a un univers très riche en écoles et un espace d'échange plus étoffé, mais avec une démocratie taillée sur mesure. Revisitant les temps forts des anciens, source de références, la nouvelle génération trouve une excuse pour ne pas leur tirer leur chapeau. La façon de les juger ou de critiquer leurs actions n'ôte en rien leur mérite. La relève se rend compte de leur sérieux et de leur efficacité. Les anciens avaient accepté, avec humilité, les dures réalités que la nature et les hommes leur imposaient. Ils se défendaient, néanmoins, en alliance et en groupe.

De nos jours, il s'avère vrai que les jeunes ont récolté le fruit de leur travail (devenus des propriétaires suite à un héritage). S'il arrivait que les fruits pourrissent, ils en seraient responsables. La meilleure façon de les conserver est de renforcer la solidarité. Le principe d'unité et de solidarité est le seul garant de la résistance et de la longévité du quartier flottant naissant. Une recommandation des anciens.

Le départ est donné. La ruée sur cette portion de terre à la manière des Européens vers le nouveau continent est sans retenue. 1970, année de la grande sécheresse et la guerre de libération de la Guinée portugaise qui s'intensifiait au sud. La guerre avait créé, pendant des années, un malaise dans la sous-région et les populations vulnérables se réfugiaient dans notre territoire national. La seule issue des traqués de la nature et des armes était la ville. Une situation de surnombre en était la conséquence directe. Dépourvue de plan d'accueil, l'administration voyait un peu partout, autour de la capitale, pousser des installations humaines non autorisées. Face à ces phénomènes de mouvements de populations, venues d'horizons divers, dans un contexte économique difficile que tentaient de gérer nos dirigeants, tout était chamboulé. Keur Demba, en un temps record, changeait de configuration géographique et démographique.

Adieu jardin, cèlane, cactus, porcs… Au revoir, randonnées joyeuses des enfants, aux pieds nus à la poursuite des derniers petits rongeurs et rampants… Bonjour, hommes venus chercher un logis. Bonjour aux hommes, chassés par une nature hostile, déplacés à la conquête d'une vie nouvelle. L'occupation de l'espace libre sur les flancs de la ville est jugée précaire, sans avenir et facteur premier d'insécurité et de santé publique. Peu importe les étiquettes, pour les nouveaux, il n'y a pas d'alternative. Ils se contentent de ce qui est disponible. Ils acceptent la main tendue afin d'atténuer leur déception.

Une caution solidaire et morale est l'élément fondamental d'un pacte entre les nouveaux et les anciens résidents du village. Le pacte ne fut pas un choix de départ, mais une obligation pour faire face aux multiples menaces qui ne cessent de planer, quotidiennement, sur la « cité baraque ». « Cité baraque » était une appellation péjorative de Dalifort par les habitants de Hann. Cette règle de vie acceptée était une close fondamentale pour occuper une parcelle. Les bonnes mœurs et la discipline de groupe sont l'article premier de la charte d'établissement. Une formelle interdiction de construire en dur sur le site était de rigueur… Seules les baraques étaient autorisées. L'interdiction de construire était de haute portée. Elle aura des effets sur les événements à venir. Un processus rigoureux sous-tendait une installation et une intégration de la communauté. La demande verbale d'une parcelle était préalablement parrainée par un résident. Il s'ensuivait un entretien réunissant les différentes parties concernées. Il permettait une identification directe du concerné, de prendre connaissance des règles et consignes de vie exigées de tous. Une suite concertée était donnée au requérant dans un délai raisonnable.

La demande accordée, il revenait aux membres de la Commission d'attribution de l'installer sur la zone prévue. Un exercice qu'ils maîtrisaient et affectionnaient. Sur les lieux, sous la surveillance des autres, l'un des membres de la Commission se détachait. Il se plaçait à la limite de la dernière demeure. De là, il effectuait des enjambées. Il comptait un certain nombre de pas, s'arrêtait, déposait un objet en guise de repère. Il effectuait sur lui-même une rotation de 90 degrés. Il recommençait son comptage, s'arrêtait à nouveau, marquait un point de repère, refaisait une rotation d'un angle de 90 degrés. De ces gestes et faits, il formait un rectangle constituant une nouvelle parcelle. Les pas étaient utilisés comme un instrument de mesure. Baye Bara était parmi les plus célèbres des préposés à cet exercice. Il s'y adonnait avec joie. Tout le monde savait que c'était son domaine de prédilection. Personne n'osait, sans son aval, le faire à son insu. Chacun respectait les prérogatives de sa Commission. La petite communauté acceptait et respectait l'organisation interne. Le nouveau bénéficiaire assistait à l'opération. Il lui revenait, désormais, de nettoyer et d'aménager sa nouvelle demeure à coups de pelle, de râteau, de coupe-coupe, avec l'aide des membres de sa famille et des proches.

L'édification de ce « quartier bidonville » se caractérisait par la grande solidarité et l'organisation opérationnelle. Toute la population était impliquée dans la gestion de la vie quotidienne. L'unité autour d'un idéal porte toujours ses fruits. La façon dont Keur Demba avait grandi avait échappé à la vigilance des autorités préfectorales et régionales. Elles n'en revenaient pas. Elle peut être classée comme une faute administrative grave. Toute l'administration se sentait coupable. Devant le fait accompli, la réaction ne s'était pas fait attendre. Elle fut violente et vint de partout. Tous les services concernés étaient mis en alerte et à contribution pour effacer de la carte territoriale la résidence inopportune. Le vent d'opposition à sa pérennisation soufflait fortement. Des journées sombres et longues enveloppaient le lieu. Les baraques, malgré leur fragilité apparente, tenaient bon. Les occupants resserraient leurs rangs pour faire face au mauvais temps comme ils l'ont fait avec la sécheresse. Ce n'est pas si près du but qu'il faut céder aux pressions extérieures. La faim avait fini de forger leur caractère et leur orientation. Le démarrage d'un nouveau mode de vie les avait transformés. L'odeur du « bonheur » effleurait déjà leurs narines. Il fallait avoir de bons plans pour conserver sa proie contre les gros prédateurs.

Ayant changé de morphologie, pour le législateur, Keur Demba perdait automatiquement son statut de village traditionnel. Il était, désormais, classé « quartier spontané et irrégulier ».

Dès 1972, les descentes des autorités se succédaient de manière à inquiéter l'avenir de ces centaines de foyers sans défense. Une manière de rappeler aux occupants qu'elles veillaient sur toute la zone. Des deux côtés, on était en état d'alerte permanent. La plus marquante, parmi les visites des autorités, est celle de Monsieur le Gouverneur de la région du Cap-Vert. Elle fut jugée musclée et conclue par deux enseignements majeurs. Le premier explique pourquoi les ruelles du quartier étaient étroites, tortueuses, souvent sans issues… Le second, le sens de la solidarité qui, tout au long de l'épisode clandestin, avait uni les habitants.

Un matin, de cette même année, la quiétude des habitants avait été perturbée par une incursion de l'autorité territoriale. Une intervention de l'État était attendue, mais non programmée par les occupants des lieux. Ils savaient qu'un de ces quatre matins, leur manège serait découvert et qu'ils risquaient de prendre une lourde sanction. La sanction serait connue d'avance. Elle consisterait, en particulier, à effacer cette tentative d'existence, illégale, sur la carte de la région du Cap-Vert.

Ce jour-là, un cortège de voitures officielles envahit le site, aux environs de dix heures du matin. Heure à laquelle les femmes sont, pour la plupart, au marché et les hommes partis à la recherche de la dépense quotidienne. Les inattendus entrèrent dans le quartier par le côté Ouest, avec beaucoup de bruit, stoppèrent leurs véhicules à la place actuellement occupée par la première mosquée de Dalifort, à l'époque, la seule grande voie qui permettait à une voiture d'entrer dans le quartier.

La façon dont la route est construite renseigne clairement qu'elle n'est pas, a priori, destinée aux services de la communauté naissante. Elle est pour les éleveurs de porcs. Il est important de rappeler qu'en dehors des jardins, des logis, il y avait les éleveurs de porcs. Les y trouver est compréhensible, dans la mesure où la zone de la Société d'Exploitation des Ressources Animales du Sénégal (SERAS) est affectée à la transaction des petits ruminants. Marie et compagnie empruntait cette route pour, quotidiennement, servir à leurs animaux des restes de nourriture collectés à travers les quartiers de la région, à l'aide des camionnettes de marque Peugeot, dénommées « **auto niamu mbam** ». Par endroits, des fûts étaient mis à la disposition des populations de la capitale pour récupérer les restes de leurs mets.

Dans les coutumes et traditions populaires du pays, il est inconcevable de jeter, de manière volontaire, de la nourriture à la poubelle. Après le repas, les restes étaient soigneusement mis à côté dans le but de servir un éventuel passant (étranger). À défaut, les mendiants et talibés, récipient à la main, de porte en porte, collectaient leur repas de la mi-journée ou du soir. Les assiettes n'étaient libérées de leur contenu qu'à un moment, choisi par les préposées au nettoyage de la vaisselle.

À l'époque, il existait, déjà, même si c'est de manière informelle, une séparation des aliments et du reste des ordures ménagères. Aujourd'hui, on parle de triage des ordures. Ce système des éleveurs, de ramassage organisé et régulier, débarrassait les populations d'une partie des déchets ménagers. Cette importante activité d'élevage avait été délogée, progressivement, par les nouveaux habitants. Marie, mouches et odeurs nauséabondes se résignaient à partir. Il n'a pas été facile d'y parvenir. Marie, très influente dans le milieu de l'élevage, avait reçu le soutien de ses pairs. Leurs protestations étaient à juste raison. L'homme rattrapé par l'histoire est venu les contraindre à partir.

Des pierres de basalte, juxtaposées, permettaient aux camionnettes de rouler facilement et de livrer, quotidiennement, la nourriture aux bêtes. La zone, dans sa configuration générale, était sablonneuse. Le basalte proviendrait, certainement, des carrières proches des Mamelles. L'allée traversait le village pour faire une boucle au niveau de la plus populaire des grand-places de Dalifort. « Mbam ya », rebaptisée par un guide religieux « Darou Salam », est, jusqu'à nos jours, restée une attraction. Probablement pas un lieu de retrouvailles pour chômeurs seulement, mais un centre de loisirs de type semi-moderne. Darou Salam est un lieu pour se décharger des pressions de la vie journalière. Les abonnés se livrent à des jeux occupant leur esprit. Concentrés sur le jeu de leur choix, ils s'évadent des dures réalités du moment. Les jeux de dames et la belote sont les plus pratiqués et au choix. Le nom « Mbam ya » est une marque indélébile que les porcs ont imprimée dans l'histoire de Dalifort. La même route est la base de la rue 10, qui débouche sur la route de Cambérène, à la hauteur de l'usine carreaux. Elle ceinture le quartier.

Au bruit des moteurs des voitures des visiteurs, les enfants arrivèrent les premiers à leur rencontre. La curiosité les y avait poussés. Ils se lancèrent en course et en direction des nouveaux venus. Intimidés par des hommes en kaki, ils stoppèrent net leur course. Ils se tinrent à une bonne distance des visiteurs. Les hommes en kaki, sans doute des policiers, étaient préposés au maintien de l'ordre et à la sécurité des visiteurs.

Quelques enfants avaient rebroussé chemin et cherchaient refuge le plus loin possible. Avertis par le bruit des moteurs ou par les gamins, les quelques adultes restés à domicile pour de multiples raisons étaient venus à leur rencontre.

Demba apparut parmi les derniers, escorté par des enfants. Il importait de noter et avec insistance que Demba était toujours accompagné par des enfants et une chienne. Ils avaient trouvé que la vie avait un sens à côté de Demba. Chaque jour, Demba vidait ses poches au profit de tous ceux qui étaient avec lui. Demba répondait favorablement aux caprices de ses hôtes à longueur de journée. Ils étaient aux aguets et prêts à le déplumer à la première occasion. Ils lui arrachaient le premier franc qu'il recevait des acheteurs/*bana-banas* venus le trouver au jardin. De même, le premier vendeur ambulant qui apparaissait faisait son affaire de la journée. Eux aussi étaient aux aguets.

Demba arriva à moitié essoufflé par la chaleur matinale mêlée à la tension. Il était très agité. Sa poitrine gonflait et dégonflait au rythme des battements de son cœur sous un kaftan en tergal de couleur sombre. Le kaftan dépassait de quelques centimètres les genoux, le reste de ses mollets était partagé par un pantalon bouffant de la même couleur que le boubou. Les premières informations qui lui étaient parvenues avaient fini de le mettre dans tous ses états. Il lui avait été rapporté que des hommes en tenue, en nombre important et accompagnés de bulldozers, s'apprêtaient à démolir les habitations. L'information avait précipité ses pas. Une idée folle allait et revenait dans son esprit. Il était prêt à toutes les folies. La pire, qui avait fini de convaincre les populations de son attachement à la localité, était d'être disposé à donner sa vie pour défendre les autres. Quand il sortit de la verdure, tous les regards se posèrent sur lui. Non pas parce qu'il sortait de l'ordinaire, mais parce qu'il était le leader dans le processus d'établissement de la nouvelle communauté.

Il était attendu. Il savait qu'il était attendu. La foule s'écarta. Elle forma une haie d'honneur comme à l'occasion d'une grande cérémonie de parade. Il marcha droit devant lui. Le silence était absolu et lourd. Il ne s'arrêta qu'une fois face au chef de la délégation administrative. Il avait en face un homme de taille moyenne, habillé en blanc. Il portait des épaulettes marquées d'étoiles dorées, une casquette blanche, brodée d'or, sur la tête. Il ressemblait à un officier de la marine. Les deux hommes échangèrent des politesses à la manière locale. Ils se serrèrent les mains brièvement. Dans un discours, bien posé et précis, le gouverneur lui fit comprendre que l'occupation des terres était non seulement illégale, mais que la promiscuité avec les bêtes (les porcs) favorisait la propagation des maladies. Par conséquent, il allait falloir qu'il procédât à la démolition des baraques. C'était une exigence de ses supérieurs.

Visiblement, la situation était critique. L'assistance avait le souffle coupé à l'annonce de la nouvelle. Certains se remémorent encore cette journée avec des sueurs froides. La seule fois où les populations avaient perdu espoir. Jamais journée n'avait été aussi pénible pour ces pauvres citoyens.

Le gouverneur et Demba, entourés de leurs proches collaborateurs, engagèrent un dialogue solennel qui a duré plusieurs minutes. Tous les regards étaient posés sur eux. Il y avait une négociation. La communauté, par le biais de leur représentant, était prête à tout sauf à vider les lieux. Quant à l'autorité, ses ordres sont à exécuter immédiatement. Les délégués du quartier insistaient pour fournir des détails sur leur existence et les raisons de leur obstination à demeurer. La partie administrative tenait à faire appliquer sa lettre de mission. Une vraie palabre de sourds. Sans perdre espoir, Demba, soutenu par ses pairs, se lança dans un monologue suivi attentivement par toute l'assistance. Visiblement, le gouverneur écoutait sans conviction apparente. Un vrai plaidoyer sur les raisons de l'extension du village était engagé. L'ouverture du village aux autres était à placer dans un cadre purement humanitaire. En parfait communicateur, il força l'écoute. Il commençait à gagner la première manche. Sa langue était déliée. Le soupir dégagé par le gouverneur lui fit comprendre qu'il tenait le bon bout. Demba se tut un moment. Une tactique de communication qui vise à mesurer le degré d'écoute de son vis-à-vis. Le silence occupa le devant de la scène, signe d'espoir pour la communauté. Il laissa au gouverneur, à son rythme, le temps de comprendre et d'apprécier son message. Malgré un visage de marbre, le gouverneur de la région du Cap-Vert comprenait petit à petit le cri de désespoir de toute une population sans défense. Il suffisait d'un signe de main de sa part pour que tout devienne ruines et désolation pour ces centaines de familles. Il respira profondément. Il regardait les enfants à moitié nus, sans chaussures et qui n'avaient pas encore fini de le dévisager, la poignée de femmes sans défense et à moitié nues. Il fut un peu troublé par cette nouvelle situation (de pitié et de compassion pour ces familles). Demba avait su, au fil de son discours, toucher le point sensible du gouverneur. Il profitait de cette avance et reprit son monologue. Un long silence, de nouveau, marquait la fin de son temps de parole.

Le gouverneur ne répondit pas sur l'instant. Il les invitait à une visite de reconnaissance des lieux. Les deux dirigeants marchaient côte à côte, suivis de leurs délégations et des enfants un peu à l'écart ou accrochés à la main des adultes. La « marche-découverte » était hachée. Chaque arrêt constituait un moment favorable pour les occupants pour fournir des explications sur des situations précises. Le gouverneur acquiesçait, le plus souvent, par des signes de tête et reprenait la marche le premier.

La visite avait duré plus de trois heures. Une façon pour les visiteurs de collecter des informations sur la vie du quartier. Ils mesuraient l'ampleur des rumeurs. Ils étaient désormais en mesure d'apporter des réponses aux interrogations de leurs supérieurs. La finalité de la visite des lieux était de recueillir des détails aussi variés et personnels auprès des habitants. La nouvelle base de données permettait de constituer un corps d'hypothèse de travail sur un problème jusque-là mal cerné.

De retour à leur point de départ, les discussions reprirent. Une autre étape venait de commencer, une évaluation primaire de la tournée. Le premier constat était qu'il y avait plus de familiarité et de considération dans les relations entre les deux parties. Le deuxième était que l'autorité avait et monopolisait la parole, comme Demba à l'accueil. Les rôles étaient inversés. Le troisième était que son attitude venait de changer par rapport à l'opinion imaginée et à la réalité qu'elle venait de découvrir avec la visite guidée. En finalité, les nouvelles donnes lui dictaient de prendre de nouvelles décisions.

De toujours, le gouverneur avait soutenu l'idée de déguerpir de cette agglomération encombrante. Il n'était pas question que ces rejetés de la sécheresse polluent l'architecture de la capitale. C'était la bonne décision et qui était en phase avec la volonté politique de ses supérieurs. Réglementer la vie des populations sous son autorité relève de sa compétence. Au milieu du cercle formé par la communauté et des représentants des démembrements des services de l'État, ils se défiaient du regard. Monsieur le Gouverneur fit la synthèse de la visite. Il indexa et ordonna aux dirigeants du quartier dont Demba était tête de file de se limiter à sa décision personnelle. L'écoute de sa déclaration était attentive. Personne ne voulait rater un seul mot de sa décision finale. Son visage était ferme. Son discours était calme. L'atmosphère était lourde. Ce qui était sûr, pour les autres observateurs à distance, la décision de déguerpissement immédiate devait être écartée. On ne saurait rapporter, sur l'instant, les détails de sa réponse. Le gouverneur avait pris une décision contraire à un déguerpissement immédiat du quartier. Le sourire de Demba et compagnie rassurait.

Les échanges de politesses d'au revoir étaient plus cordiaux qu'à l'accueil. Chacun cherchait à serrer la main de l'autorité principale. Des deux côtés on se congratulait. Le gouverneur s'engouffra dans sa voiture, noire, couleur officielle des véhicules de l'administration. Elle démarra presque sans bruit de moteur. Il leva son bras, par la vitrine fermée, en guise d'au revoir. Instinctivement, la foule fit de même, en étalant toute sa joie. D'autres, plus démonstratifs, particulièrement les jeunes femmes, battaient déjà des mains en signe de victoire. Les battements de mains et les cris couvrirent totalement le bruit des moteurs. La foule ne se préoccupait plus de la pesanteur des menaces. Le brouhaha s'était transformé en chants spontanés et populaires.

À peine les visiteurs hors du champ visuel des populations qu'un cercle se formait. Des chanteuses occasionnelles se succédaient. On se relayait dans les pas de danse au milieu du cercle humain. À Keur Demba, on chanta, on dansa pour remercier les dirigeants. Malgré la pression qui pesait sur leur quiétude, les populations n'avaient point perdu la joie de vivre.

À Dalifort, on chantait, on dansait. Une tradition bien respectée. Une occasion de découvrir la diversité de la culture du pays. Chaque composante de la communauté avait jalousement conservé sa tradition. Toutes les parenthèses étaient bonnes pour faire valoir la sienne. Dans la ronde, les ethnies se succédaient. Les Hal Pulaar se bousculaient avec leur « wango », les Diolas avec leur « bouguereb », les Mandings avec le « jambadong, les Sérères avec le « sath »… Dans ce milieu, abandonnées à elles-mêmes, les populations manifestaient, dans la douleur comme dans la joie, leurs appartenances culturelles et sociales perpétuées par des fils nostalgiques.

Les maîtres des lieux avaient décodé, après l'incursion des autorités, que l'union était la clé de leur avenir. Elle se consolidait par la discipline et par l'application des consignes données. Un simple signe de bras levé vers le ciel aura suffi pour que les fêtards comprennent que silence leur était demandé. Chacun resta là où il se trouvait. Une bonne coordination était un atout supplémentaire.

Demba avança d'un pas vers le centre de la ronde afin que tout le monde puisse le dévisager. Un homme de taille moyenne, trapu, de teint noir et qui avait approximativement la soixantaine. Il était du type soudano-sahélien sans autre forme de procès. Son habillement était du style « baol-baol ». Le moment était exceptionnel. On attendait son discours d'information. Tous avaient retenu leur souffle. Il toussota, se racla la gorge pour s'éclaircir la voix, croisa les doigts sous l'abdomen avant d'entamer sa note explicative.

Demba réitérait son engagement de défendre les intérêts de la communauté. Sa vie était liée à ce lopin de terre. Toute tentative de sa destruction volontaire, fût-elle décidée par l'État, le trouverait sur son chemin. Il se tut. Il reprit son discours avec un accent typiquement bambara, en disant : « Je ne resterai jamais les bras croisés face à une attaque ou tentative de déguerpissement de notre pauvre village ». Le poids de la responsabilité le faisait suffoquer. Il se tut encore une fois. Toute l'assemblée était prosternée et émue. Des larmes coulaient des visages, des assistants, au cœur sensible. Certains avaient perdu contrôle et leurs gémissements rendaient inaudible le discours. L'émotion était forte. Un discours introductif fédérateur. D'une voix ferme, il entama le résumé de la situation. Il fit comprendre, à l'assistance, que l'autorité avait accepté de les laisser sur les lieux. La foule ne le laissa pas terminer son discours. Elle criait déjà de joie pour une victoire dont le sifflet final n'avait pas retenti. Les chants et les danses reprirent. Un pan avec Demba se retira pour aller camper à une bonne distance des heureux circonstanciels.

L'expression de leur visage, le langage de leurs corps ainsi que le silence ambiant qui accompagnait les orateurs avaient fini de convaincre que la situation était sérieuse et loin d'être gagnée. Ils mirent du temps à accorder leur point de vue. À situation exceptionnelle, mesure exceptionnelle. En définitive, ils convenaient de provoquer une réunion d'urgence et en ce même jour, après le dîner. Elle se tiendrait à la place habituelle. Toute la communauté y était conviée, les chefs de famille en priorité.

Les choses sérieuses venaient de commencer. La concertation cachait des éléments que l'on découvrirait à l'occasion de la réunion extraordinaire. Avant la rencontre, les dirigeants devaient se retrouver pour analyser la proposition administrative et tenter d'avoir un discours harmonisé. Ils se devaient d'approfondir la réflexion et de se préparer à faire face à des questions de l'assistance. Donner des réponses apaisantes, mais non complaisantes. Leur maintien sur les lieux était temporaire et assujetti à un certain nombre de recommandations émises par l'autorité territoriale. Tout était suspendu à un fil. Le moindre désaccord les ferait basculer vers la mauvaise pente et l'inévitable se produirait.

À l'instant qui suivit, l'information circulait de bouche à oreille, de maison en maison. Les derniers à rentrer à la maison avaient reçu le compte rendu de la journée. Ils avaient eu droit à plusieurs scénarii des événements. Le traitement de l'information était inégal. Il allait du modéré à l'exagéré. L'événement avait alimenté les débats de la semaine.

L'événement, à chaud, était relayé sur le plan national par les journaux. Les médias de l'époque avisaient et alertaient, à leur tour, les auditeurs et lecteurs de l'incursion des autorités de la capitale avec des titres à la une tels que « Les bulldozers sur Keur Demba »... De partout, amis, parents et curieux avaient accouru. Ils venaient apporter leur soutien à un ami, à des parents qui, il y a peu, s'installaient à Keur Demba. La surprise fut grande. Sur les lieux, le constat était que les habitants vaquaient tranquillement à leurs occupations comme si un événement de taille n'avait pas perturbé leur environnement durant les vingt-quatre heures passées. Les commentaires ne tarissaient pas.

Tout le monde avait reçu l'information de la tenue de la réunion nocturne initiée par Demba et compagnie. Une réunion de ce genre requiert une préparation. Une rencontre, en amont, entre dirigeants ou simplement entre les personnes qui s'étaient distinguées par leur volonté à voir cette population disposer d'un meilleur devenir, était indispensable. Elle était tenue dans l'une des concessions d'un des responsables. Elle permettait d'arrondir les angles et de tenir compte des détails à gérer.

Ils étaient parvenus à s'accorder, plus particulièrement, sur les prises de parole et avaient opté pour une orientation des débats vers une solution consensuelle. Des propositions avaient été émises, débattues et à moitié adoptées. Il ne restait qu'à les faire valider par le grand groupe. Ils convinrent d'un ordre du jour allant dans le sens de l'application des recommandations de l'autorité administrative. Il leur revenait d'informer, objectivement, les autres chefs de famille. La bonne préparation de la rencontre était l'un des secrets de la réussite et de l'efficacité de prise de la décision communautaire. La maîtrise d'un problème facilite sa résolution. La confrontation des idées rafraîchit la pensée.

La nuit tombée, les habitants se déplaçaient par groupes vers la place convenue. À l'approche de l'heure de la rencontre, comme s'il y avait un système de ramassage organisé, les rues s'animaient. En temps normal, ç'aurait sans doute été une situation contraire. Les voisins s'invitaient à partir ensemble, une façon pour les uns de s'informer davantage, de partager des points de vue, d'harmoniser des positions. Pour d'autres, il ne fallait pas arriver en retard à la réunion. Les participants étaient venus, exceptionnellement, plus tôt que d'habitude. La situation l'imposait. Personne ne voulait, sous aucun prétexte, être en retard ou rater cette réunion. La cour était, à cette occasion, petite pour contenir tout ce monde. Les derniers venus trouvaient difficilement une place. Les nattes et les quelques bancs étaient occupés. Les plus jeunes et certaines femmes étaient assis à même le sol. Les rares lampes tempête, suspendues aux poutres des palissades et du hangar, offraient de la clarté au public. Le clair de la lune n'était pas au rendez-vous ce soir. Les périodes de pleine lune étaient bien accueillies par tout le monde. Les enfants en particulier en profitaient le plus. Les sorties de jeux nocturnes étaient plus joyeuses. À défaut d'éclairage public, la communauté aimait vivre la pleine lune.

Tous étaient unanimes sur le fait de reconnaître, ce soir, que la vie de la communauté allait basculer. De temps en temps, des « salamalék » (« paix sur vous »), formule de salutation d'usage, interrompaient le silence ou les discussions de couloir.

La rencontre ne commença, sérieusement et officiellement, que quand dans la pénombre, une silhouette se dressa à un point du cercle. Sa voix s'éleva et domina toutes les autres. Puis elle se tut. Un silence brusque enveloppa l'espace. Quand la voix se fit entendre, pour la seconde fois, c'était pour donner des ordres. Elle annonça que la réunion allait commencer. Elle ordonna à l'assistance, sur recommandation, de formuler des prières. Implorer protection, réussite et entente. La même voix interrompit le silence, pour une troisième fois, pour donner des directives de tenue correcte de l'audience. À sa suite, les orateurs se succédaient pendant de bonnes heures. En premier, Demba revint sur les éléments clés des recommandations du gouverneur et de ce qui était attendu de tous. Les suivants avaient abondé dans une logique de complémentarité pour une meilleure compréhension de la situation à laquelle ils faisaient face. La réunion était présidée par Demba, encadré par ses collaborateurs directs.

Le point le plus important de l'ordre du jour avait tourné autour de l'application des recommandations de l'administration territoriale. Le gouverneur avait demandé et avec insistance, de libérer la zone Nord. Il s'agit de la place occupée, aujourd'hui, par le marché. Cette partie était déclarée propriété privée. L'État ne pouvait pas se permettre de priver des citoyens de leur droit au profit d'autres. En dehors de cette recommandation de taille, il avait aussi délimité la zone temporaire d'habitation autorisée temporairement. L'autorité administrative était venue avec tout le matériel indispensable, pour lui-même effectuer le nettoyage. Le groupe leader l'avait supplié de leur offrir l'occasion de faire le travail à la place des bulldozers.

Ils avaient pris l'engagement, dans un délai très court, de faire vider les lieux sans beaucoup de dommages matériels. Le plus important, pour les responsables, dans la réunion de prise de décision, était de limiter les frustrations qui pourraient découler des différentes interventions. Il fallait coûte que coûte arriver à les canaliser. Dans l'assemblée, chacun connaissait le sort qui lui était réservé. Deux questions fondamentales étaient en suspens. Que faire des familles à déguerpir ? Fallait-il les laisser à leur propre sort ? Non, bien sûr ! La réponse aurait été oui si les habitants étaient liés par le hasard ou par l'argent. Ici, le cas était assez particulier. C'étaient des amis, des familles dont les liens dataient d'avant leur venue sur le site, pour la grande majorité. Leur séparation dans des circonstances pareilles pourrait affecter leur relation dans l'avenir. Il leur serait difficile de se séparer sans en souffrir. Malgré les discours assez réconfortants envers les affectés, l'atmosphère était lourde. Il serait catastrophique de voir une partie de la communauté quitter l'autre. Une ablation est toujours douloureuse. Il faudrait l'accepter si telle était la solution ultime.

Les enfants avaient cessé leurs jeux et s'étaient joints à la réunion. À mesure que la nuit avançait, les interventions se déroulaient, des propositions de solutions étaient émises. Elles faisaient l'objet d'analyses ou de critiques rapides par le public. Les réactions et les commentaires tendaient vers une solution heureuse, équitable et acceptable de sortie de crise. Par moments, des intervenants s'écartaient complètement du sujet. Cela créait des instants de flottement ou de trouble. Les voix s'élevaient. L'ambiance s'échauffait. On ne s'écoutait plus. Chacun versait sa bile. On se parlait entre voisins en défendant ou en rejetant une idée. Les plus agités étaient ceux qui d'ordinaire ne prenaient jamais la parole pour exprimer leur point de vue.

Lorsqu'on cherche à mettre en évidence les différences de point de vue au sein d'un groupe, sur un problème donné, la discussion à la place des consultations encourage les individus à exprimer leurs réactions. Les divergences permettent de découvrir les aspects du problème qu'on n'aurait pas pu dévoiler dans une relation individuelle.

La force d'une communauté réside, en partie, sur la qualité des dirigeants. Ceux de Keur Demba avaient su, d'abord, laisser les populations s'exprimer librement. Le consensus était privilégié. Il n'y avait jamais eu de vote lors des débats antérieurs. Le dialogue et l'expression libre dans le respect de l'idée des autres étaient le fondement du bon voisinage. Après chaque débat, une synthèse permettait d'adopter une position. Il revenait dès cet instant à tous de veiller à l'application des dernières recommandations populaires. À la réunion, pour résumer, la décision finale était de recaser les victimes dans la zone autorisée, dans les délais requis. La décision finale s'était appuyée sur les résultats de la discussion et était traduite en plan d'action.

Il n'y avait pas eu de perte de temps pour passer à l'application des recommandations de la réunion. Une épreuve supplémentaire attendait les têtes de file. Il nous faut magnifier leurs capacités managériales. Si chacun se glorifie, aujourd'hui, des résultats positifs de la zone, c'est parce que des hommes et des femmes se sont sacrifiés.

Un travail de fourmi attendait les volontaires. Les mouvements dans le village étaient plus fréquents que d'habitude. Les tâches étaient réparties. Les femmes et les enfants étaient chargés du rangement et de l'évacuation du petit matériel, les hommes de la démolition des baraques, des palissades et du déterrement des briques.

Un groupe, sous la supervision de Demba et de Tidjane, étudiait le nouveau plan d'aménagement et de recasement des foyers concernés. Ils avaient procédé au recensement des espaces libres, des rues larges et des détenteurs de grandes parcelles. Un dernier groupe sillonnait la zone à déguerpir pour un recensement des propriétaires de parcelle. Il fut effectué le premier recensement connu par le quartier. Un travail interne dont l'exploitation était limitée. Le second recensement avait été effectué des années plus tard, par l'Organisation de la Recherche Scientifique et Technique Outre-Mer (ORSTOM), actuel Institut de Recherche pour le Développement (IRD). L'ORSTOM, à l'époque, avait fait le comptage des habitants, des ménages et des maisons. À l'issue de l'étude, un numéro était attribué à chaque parcelle. Il est dommage que ces données disparaissent des rayons du centre de documentation de l'Institut.

Tous les espaces libres, les rues larges et les grandes parcelles devaient être réduits au strict minimum afin de permettre l'accueil des membres de la communauté, affectés par la mesure administrative. On prélevait un peu d'une parcelle et un peu de la rue voisine pour en faire une concession. Parfois on divisait une maison pour en faire deux ou trois. Le groupe de planification indiquait, avec l'appui du groupe de recensement, à chaque chef de famille, son nouveau lieu d'implantation. En un temps record, tous les ménages concernés furent en chantier sur leur nouvelle parcelle. À la fin de l'application des directives de l'assemblée, Keur Demba avait arboré un nouveau visage pendant une décennie.

Un visiteur, mal informé, parcourant le quartier, jugeait les occupants comme des ignorants des règles primaires de l'urbanisme. Les ruelles étaient étroites. Elles ne permettaient pas à deux individus de se croiser sans que l'un ne cède le passage à l'autre. Elles étaient tortueuses et souvent en cul-de-sac. À Keur Demba, tous les transferts recommandés s'étaient déroulés sans heurt et dans une entraide parfaite. Les partages de concessions étaient effectués dans l'enthousiasme et la chaleur. Les déguerpis avaient accepté les lopins de terrains mis à leur disposition. Aucune contestation n'avait été enregistrée ni du côté des propriétaires léguants ni du côté des nouveaux chefs de famille déplacés. La solidarité dont avait fait montre la communauté était, une fois de plus, de valeur inestimable. Elle avait encore contribué à renforcer les liens entre les différentes familles. La solidarité, légendaire à Keur Demba, était une force dans la suite des résultats enregistrés pour une parfaite existence.

Les rumeurs au sujet de la manière dont la communauté avait résolu son problème avaient obligé le gouverneur, tombé sous le coup du charme, à revenir sur les lieux pour vérification des propos qui lui avaient été rapportés. Les détails de la stratégie utilisée, l'application des recommandations populaires issues de la réunion et le comportement de tout un chacun avaient apaisé ses futures inquiétudes. Il refit un tour des lieux. Très satisfait, il leur témoigna toute son affection et leur promit soutien et tranquillité. Il avait approuvé leur esprit de groupe. Il admettait que leur volonté de vivre en paix était manifeste. L'aspiration à la paix sociale lui donnait des arguments face aux interpellations de ses supérieurs. Il leur demandait, en conclusion, de ne plus attribuer de nouvelles parcelles, la seule garantie de sa complicité. Tant qu'il était à la tête de la région, s'ils respectaient ses consignes, il les accompagnerait.

Il en fut ainsi pendant des années. De partout venaient des sollicitations. C'était avec des pincements au cœur que les dirigeants avaient eu à rejeter des demandes, éligibles, dans le souci de préserver leur espace de vie. L'administration avait poussé les habitants à engager leurs responsabilités dans la suite des événements à venir. Chaque partie s'efforçait de donner le meilleur d'elle pour ne pas rompre les accords. Les habitants vivaient en paix et en harmonie. Les autorités avaient déployé beaucoup d'efforts pour les encadrer. Les honneurs sont rendus aux leaders de plusieurs manières, le tableau est exhaustif, mais on peut noter que beaucoup d'enfants du quartier portent leurs noms. C'est la génération des Demba, des Tidjane, Abou, Amadou, Astou, Daba, Salla…

Il faut des repères historiques pour valoriser le capital humain. Les grands événements créent de grands hommes. Les grands messieurs et les grandes dames alimentent les grands événements. Ils méritent plus qu'une simple évocation ou un rappel de leur vivant. La tendance est que nous ne faisons rien pour leur tisser des lauriers. Leurs héritiers ne souffrent pas de références jusqu'à croire que le modèle extérieur est meilleur. Pour revisiter un événement, il en faut un cas particulier. La réponse la plus efficace à une situation est une action.

Les jours se suivent et ne se ressemblent pas dans la sphère du quartier. On assistait à l'émergence de nouveaux besoins sociaux vitaux. Il allait falloir y apporter des réponses adéquates pour minimiser la recherche de solutions dépendantes. Devant les urgences, il faut du pragmatisme.

La liste des besoins était là, exhaustive. Tout était priorité. La population avait jugé plus urgent de s'attaquer à la résolution du problème de ravitaillement en eau potable et courante. À peine réfléchissait-elle à sa mise en pratique du projet que l'éducation des enfants et la santé tapaient déjà à leur porte.

Les investissements planifiés faisaient appel à de gros moyens. Tout en sachant que ceux-ci faisaient partie des obligations de l'État, les responsables s'étaient fixé des cotisations par foyer pour démarrer les réalisations. La population active s'était répartie dans plusieurs commissions. L'une d'elles était chargée de la collecte des participations. Chaque habitant en avait fait sa propre préoccupation. Chacun avait connaissance et conscience de la situation. Chacun usait, de son côté, de ses relations personnelles pour faire aboutir les projets. La recherche des voies et moyens pour alléger les factures en vue était admise.

Des promesses de soutien, financier ou matériel, et même moral, étaient enregistrées de partout. Untel avait promis d'apporter un soutien relationnel. Un tel autre, « Vraie Importante Personne », pour des raisons politico-sociales, interviendrait du côté d'un collègue, chargé du volet sur lequel il était sollicité, pour une résolution rapide. Au fur et mesure que l'on avançait dans le processus de mise en œuvre des programmes, avec les soutiens techniques recueillis auprès des services concernés et contactés, le groupe sentait la nécessité de trouver des sources de financement additionnelles. Les cotisations, seules, ne suffisaient pas à résoudre les multiples dépenses afférentes aux investissements en vue.

Suite à maintes concertations, les dirigeants s'accordaient à attribuer de nouvelles parcelles dans la clandestinité, avec cette fois la complicité de quelques politiciens et des services compétents. Ces derniers, de façon informelle, avaient donné le feu vert.

Les critères d'attribution de parcelles changèrent totalement. Le premier était le remplacement de la caution solidaire par la participation pécuniaire.

Le mouvement des populations de l'intérieur vers les villes était non maîtrisable par les politiques de développement rural. Les populations avaient trouvé que les structures d'encadrement des paysans ne pouvaient rien contre la sécheresse qui persistait et signait. Il ne leur restait qu'une alternative : partir. Partir pour éviter le pire. Tant que les populations arrivaient, la demande en logis augmentait. Les prix de la location d'un appartement, d'une chambre, en baraque, avaient été revus à la hausse. Les nouveaux venus avaient opté, involontairement, pour l'obstruction de l'entrée de la ville. Seule la partie orientale de la capitale offrait de l'espace libre, mais impropre à l'habitat. C'était la zone qui allait du pont échangeur de Hann jusqu'à l'intersection des routes de Rufisque et autoroute, à la hauteur de l'Industrie Cotonnière et Textile Africaine (ICOTAF).

Dans cette bande de terre on trouve : le parc zoologique de Hann, les Cours Sainte-Marie, les services comme l'Organisation Commune de Lutte-Antiacridienne et de Lutte Anti-aviaire (OCLALAV), ORSTOM et l'Institut Technologique Alimentaire (ITA), les réservoirs de Mobile Oil, la Société d'Exploitation des Ressources Animales du Sénégal (SERAS), pour ne citer que ceux-là.

Dans cet îlot de terre se trouvent deux autres sites d'habitat spontané moins connus que Dalifort. Il s'agit de deux quartiers créés par des ouvriers du parc zoologique de Hann, d'ORSTOM, d'OCLALAV et environnants. La version modernisée ou planifiée serait aujourd'hui dénommée « Cité des Travailleurs de… ». Les quartiers continuent d'exister. L'un, ayant pour nom « Guinaw Rail », se situe à hauteur de la porte Est du parc, entre la clôture et la voie ferrée. Il fait face à l'hôtel de la mairie de la commune d'arrondissement de Hann/Bel-Air. Le second porte le nom de son initiateur, comme Keur Demba. Il s'appelle Keur Ngoor Marone et se situe entre la limite nord/est de l'ORSTOM et de l'OCLALAV au sud/est. L'extension de ces deux quartiers avait été vite étouffée par les autorités. Il y avait, bien sûr, eu plusieurs tentatives d'occupation par de nouveaux venus, sans succès. À la différence de Dalifort, la proximité avec des structures étatiques ou internationales avait alerté et permis de ralentir leur croissance. En dehors de cette zone, les nouveaux venus déposaient leurs bagages sur les flancs des villages traditionnels qui offraient aussi des réserves de terres.

Le profit de la vente illégale des terres de l'État avait permis la construction de bornes-fontaines. En octobre 1981, elles relayaient les puits, au nombre de trois, qui constituaient la source principale de ravitaillement. À chaque point d'eau traditionnel, un habitant était préposé au service de surveillance permanent. Il fallait veiller à ce que les usagers respectent les codes de conduite établis par tous. La soumission des usagers aux règles établies était de rigueur. Ils étaient un espace d'éducation et de surveillance de la composante jeunes filles, qui était la plus représentative et la plus fréquente aux puits. La sachant insouciante du respect des lois, il devenait obligation, pour les adultes, de les canaliser et de les assister à tout instant.

Périodiquement, des opérations d'entretien et de désensablement des puits étaient organisées pour rattraper la nappe qui se rétractait. Ces activités s'opéraient, annuellement, en pleine saison sèche. L'installation de la sécheresse, l'augmentation de la population, la communauté devait recourir à l'utilisation de puits privés pour compenser le déficit.

Les puits quadrillaient le quartier. Il y en avait un près du domicile de Diallo Doctor, un au site actuellement occupé par l'Institution Mutuelle de Crédit et d'Épargne Communautaire, le dernier, le plus grand et le plus fréquenté, se trouvait du côté du marché. Deux privés, celui de « Moussé Woularé » et celui du dépôt de Dakar Matériaux, étaient utilisés, en secours, par la population. Leur accès était filtré par des surveillants plus exigeants.

Une menace de pollution de la nappe était à craindre pour la santé des populations. La fréquence des séances de sensibilisation sur les comportements à risque et la prolifération des maladies liées à l'eau avaient fini de convaincre les chefs de famille d'avoir recours à d'autres sources d'approvisionnement en eau potable. La seule alternative était l'accès à l'eau du robinet.

L'eau coulait, en quantité et en qualité. Il faut surveiller, protéger et entretenir les ouvrages publics pour leur pérennisation. La stratégie de surveillance des puits sera dévolue aux bornes-fontaines publiques. Les robinets, nom populaire des bornes-fontaines, étaient baptisés, tous, par les jeunes usagers. Chaque fontaine portait le nom du surveillant préposé. On se souvient des robinets « Pa Mika », « Pa Fodé », « Vieux Sy », « Pa Ablaye Mendy ». Un cinquième dit de « Ba Seras » s'y ajoutait plus tard.

L'école, en 2006, a fêté ses trente années d'existence. Un bâtiment abandonné par un entrepreneur de commerce de cornes et de peaux de bêtes, réfectionné, a permis de recevoir la première promotion d'élèves issus de la communauté. Le bâtiment, démoli par les premiers élus de la commune d'arrondissement en 1998, pour des raisons de sécurité, se situait sous la ligne à haute tension électrique et bouclait l'alignement des dernières maisons sur la rue 10, à gauche, en venant du côté Nord. Un symbole qui méritait un meilleur sort que l'anéantissement. Sa réhabilitation en aurait fait un lieu de pèlerinage et à usage multiple. Un an plus tard, l'école était transférée à son emplacement actuel. La communauté y édifiait deux classes en baraques, sur fonds propre. Ce sera cinq années après que l'État, avec l'appui du Fonds européen de développement, se décidait à apporter sa première contribution. En 1994, l'État, par le biais cette fois-ci de la Coopération japonaise, faisait disparaître les dernières classes en baraques.

Avant l'avènement de l'école Dalifort, les rares aînés se rendaient à des structures scolaires assez éloignées. Du fait de leur âge très jeune, ils ne revenaient au quartier que les weekends. Ils étaient confiés à des proches, parents ou amis.

Encouragée par les résultats de ces réalisations (bornes-fontaines, école…), la communauté se lançait dans la construction d'un dispensaire. Le projet était motivé par un souci de prise en charge médicale de proximité. Tous les détails étaient réunis pour que le quartier disposât d'une structure de santé. La cellule chargée de la réalisation du nouveau projet ne changea pas de méthode d'information, de participation financière et d'organisation. Seulement, elle mettra à profit les expériences pour améliorer son approche. La transparence, dans les processus de réalisation antérieurs, avait suscité un engouement général. La communauté, à tous les niveaux, s'engageait individuellement ou collectivement.

Les échos des résultats obtenus commençaient à retentir à travers le pays et à l'étranger. Les autorités, les plus hostiles à l'idée que ce quartier vive encore, se vantaient de porter et d'exporter cet exemple de révolution, de développement communautaire. Ces mêmes réfractaires étaient prêts à conduire sur les lieux des visiteurs officiels pour partage d'expérience. Maître Thiam et compagnie, qui s'activaient dans les couloirs pour dégager ces vulnérables, subissaient leur première défaite. Ils déclaraient qu'il n'était pas question que les baraques cohabitent avec les futures cités modernes.

À la fin des travaux de construction de la case de santé, la municipalité de Dakar offrait l'équipement de première nécessité et y affectait un personnel à sa charge. La structure sanitaire était directement rattachée au poste de santé de Hann-sur-Mer. Le soutien du premier chef de ce dernier y était pour beaucoup. De son propre chef, il formait en soins médicaux un garçon et une fille choisis par les populations. Ces derniers se chargeaient de prodiguer les premiers soins d'urgence avant une référence au poste de santé de tutelle.

L'édifice a été inauguré le mardi 12 janvier 1982 par le ministre de la Santé publique, Mamadou Diop, et par ailleurs responsable politique de la localité. À la cérémonie étaient présents l'administrateur de la commune de Dakar et le préfet de Dakar-Plateau. La construction de la case de santé était entièrement financée par les populations et les travaux avaient duré un an.

La liste des réalisations sociales est loin d'être finie. Il a été fait état de celles qui avaient mobilisé des moyens, humains et financiers, dépassant les possibilités d'une communauté dite « nuisible ». L'interrelation des habitants avait éliminé, en leur sein, toute forme de dépendance.

Keur Demba mettait fin à sa croissance, en termes d'attribution de parcelles, vers les années 1980, avec les derniers venus des champs de course et de Fass (déformation de Fez). Des quartiers de la Médina, pour des motifs divers, ont cédé la place.

La communauté dalifortoise, composée de plusieurs ethnies, de différentes nationalités, était restée malgré tout unie. Une ligne de conduite était définie par tous et pour tous. La concertation dominait sur toutes les décisions majeures concernant la vie du quartier. On partageait et les problèmes soumis trouvaient solution. On s'engageait d'une seule voix. Politiquement, la décision des urnes était unique. Une position, critiquée ailleurs, mais très efficace et payante pour la survie du quartier. Le choix d'être ensemble ne signifiait pas que l'on ne pouvait pas avoir des idées contraires. La priorité était de défendre les intérêts du quartier. Il en fut ainsi pour des urnes et pour des décisions communautaires.

L'harmonie dans laquelle baignait le quartier connut son premier point de discorde avec la mort de Demba. Une disparition qui aura beaucoup affecté la communauté. Elle fragilisera les relations internes du groupe. De nouvelles silhouettes émergentes s'imposèrent et créèrent une division. Des frustrations ou des conflits d'intérêts, des crises de personnalité latentes avaient occupé les esprits. La conséquence ne s'était pas fait attendre. La succession du chef avait suscité des passions. Les opinions divergentes avaient fini par engendrer des camps.

Tout a commencé quand le fils aîné déclina l'offre communautaire de succéder à son père. La majorité avait souhaité qu'il soit le nouveau dirigeant. Il ne faut pas voir derrière cette proposition une dévolution monarchique, mais plutôt une courtoisie rendue à la famille du fondateur. La communauté était consciente que le fils, en acceptant, contribuerait à renforcer les acquis. À la différence des anciens, il était un produit de l'école nouvelle. Il a connu « **mon beau village** » et était capable de conduire la communauté vers ses nouvelles aspirations de vie moderne. Il avait les prédispositions requises pour capitaliser leurs réalisations et ouvrir les destinées de la communauté vers une culture sociale diversifiée.

Son refus bouleversa l'ambiance et la cohésion du groupe qui étaient, pendant longtemps, les piliers de la communauté. Son état d'esprit de l'époque reléguait au second plan la fonction de chef de village ou de quartier. Il se voyait jeune cadre, à des niveaux de responsabilités de dimension régionale ou nationale. Il avait placé un niet sans réserve. Il avait négligé la mesure de la considération sociale que la fonction de chef de communauté revêtait. Il n'est pas donné, à quiconque le veut, de jouer le rôle de chef de village ou quartier. C'est d'abord une marque de sympathie qu'une population voue à un tiers. Les autres détails suivront. Un chef ne s'impose pas. Il est désigné.

Les nouvelles propositions de substitution se heurtaient à des rejets et à la radicalisation de groupes naissants. Un désordre total planait. D'autres s'autoproclamaient candidats. Un groupe s'était détaché pour se faire une autorité en exerçant une pression sur des membres de la communauté, en donnant des directives autoritaires ou en freinant les contributions tendant vers un compromis. Cette attitude avait fait déborder le vase. Des rivalités naissaient. De nouvelles figures s'occupaient de la direction des nouveaux groupes formés de manière inconsciente ou spontanée. Une intolérance basée sur les différences individuelles se développait. La succession avait, sur le court terme, des points négatifs sur le plan relationnel. Elle avait fait apparaître, sur le long terme, une nouvelle notion de prise en compte des aspirations de chaque entité naissante. La notion de la cogestion s'invitait.

Deux camps se dégageaient et se formaient autour de nouveaux leaders. Le quartier ne sera pas divisé en zones distinctes, mais en fonction des fréquentations. Les positions étaient prises par les chefs de famille.

Chaque état-major avait un siège. On s'y rendait pour discuter de tout et de rien. On y partageait des informations de tout ordre. On élaborait des stratégies de déstabilisation de l'autre. L'une des tendances, à majorité hal pulaar, avait marqué l'époque par la mise en place d'un hangar. Il jouait la fonction de siège social ou de quartier général. « Thiali babirabe », comme on l'appelait, se dressait à l'entrée du quartier via l'autoroute. L'autre camp, pluriethnique, avait érigé son quartier général chez Abdou Diop, l'un des leaders.

Les points de retrouvailles étaient des « arbres à palabre » modernes. Du lever au coucher du soleil, il y avait des occupants. Des lieux où les problèmes du quartier, des ménages et autres étaient étalés et débattus. Des solutions, à l'amiable, étaient le plus souvent proposées et acceptées.

La vision divisionniste s'est dissipée dans la nature comme elle était née. Il est mis fin à un conflit par deux faits. Le premier fait appel à une négociation autour d'un certain nombre de points d'intérêts à laisser ou à prendre. Ces intérêts devront être acceptés en présence d'un élément neutre ou réconciliateur. Les guerres prennent fin autour de la table. Le second, comme c'est le cas ici, est l'œuvre du temps. C'est l'usure. Petit à petit, sans s'en rendre compte, le temps finit par avoir raison du comportement des uns et des autres. Personne ne saurait dire quand ni comment cette situation de rivalité s'est estompée. Le mal informé vous parle d'un conflit qui avait opposé les Hal Pulaar d'un côté, et les autres ethnies de l'autre.

La sécheresse avait fait connaître à Dakar une urbanisation non contrôlée. Les habitations poussaient comme des champignons. On s'installait partout, n'importe comment et en violation des règles en vigueur. Les zones de canaux d'eau naturelles asséchées étaient occupées par les populations.

L'histoire a retenu la marche des bulldozers sur la Cité Millionnaire. Un événement qui a marqué la fin de la décennie 1980 et le début de celle de 1990. En réalité, les démolitions ont concerné les environs immédiats de la cité, qui seraient établis sur un domaine réservé pour utilité publique. Pour certains, les raisons n'ont pas été élucidées. L'événement avait marqué et affecté la vie de nombreuses familles. Les séquelles de cette action malheureuse avaient occupé, pendant une bonne période, la une des journaux et les mémoires. « Le malheur des uns fait le bonheur des autres », dit un dicton. Les commentaires sur les raisons de la démolition des environs de la cité étaient nombreux et différents. Toutes les conclusions se croisaient et indexaient les prochaines victimes. Les occupants illégaux de la périphérie de Dakar, telle que Dalifort, étaient menacés. Il avait été très largement fait allusion à ce quartier comme s'il y avait un quelconque lien entre les deux lieux de résidence. Le premier était un lieu de résidence planifié et irrégulier, le second, un quartier bidonville, non planifié et irrégulier.

Les sages du quartier, en investigations permanentes, avaient pris contact avec les responsables des services compétents pour plus d'information. Officiellement, il n'y avait rien de net sur leur éventuel déguerpissement. Chaque matin, les rumeurs se faisaient et se défaisaient, laissant une lueur d'espoir aux centaines de foyers… La maîtrise de l'information atténue les surprises. Ils ne se lassaient jamais d'aller vers l'information et auprès de l'autorité compétente.

Au fur et à mesure que le temps passait, le quartier maintenait sa joie de vivre. D'autres événements s'étaient déroulés dans la capitale, laissant Dalifort dans l'indifférence. Jamais le pays n'avait connu un événement aussi douloureux et aussi populaire que celui de la Cité Millionnaire. Les médias, les politiciens et les populations avaient saisi cette occasion pour acculer le régime en place. La raison fondamentale qui avait guidé le gouvernement à agir de la sorte était diabolisée. La rumeur alimentait les débats de politique politicienne. Plusieurs versions avaient pris le devant de la scène.

Dresser une résistance à l'État serait peine perdue si l'on sait que force reste à la loi. Les directives du pouvoir sont choses à exécuter quelles que soient les manières utilisées. Elles sont à satisfaire. Cela n'ôte pas non plus aux gouvernés le droit d'émettre leurs opinions ou de prendre position. L'homme a toujours évolué ainsi. Devant l'impuissance, l'action verbale reste l'arme des faibles. Les populations refoulées ou reléguées au second plan s'installent comme et où elles le peuvent. Il faut se loger quitte à tomber sous le coup de la loi.

Consciente de son impuissance face aux textes et règlements régissant la propriété domaniale, la communauté de Dalifort avait fait alliance avec la prière, la politique, l'union et les actions communautaires. Des chefs religieux, sur invitation, avaient fréquemment rendu visite aux populations. Ils les avaient exhortées à l'unité, à la discipline. En dehors de ces hôtes de marque, d'autres éminents savants mystiques, dont la participation était tenue secrète, avaient ordonné des sacrifices pour la protection contre des forces visibles. Une protection du quartier et de sa pérennisation était formulée à tout instant. Les sacrifices allaient du bœuf à la chèvre, au mouton, en passant par les poulets ou les plats de nourriture. Il avait été ordonné des offrandes, partagées ou enterrées en certaines places ou rues du quartier. Ces actions visaient uniquement la protection du site contre d'éventuelles menaces de déguerpissement sans autre forme de procès. Il n'est point interdit de se protéger à la manière traditionnelle contre des situations qui pourraient nuire.

Le quartier flottait désormais. Il flottait entre partir et rester. Il flottait entre l'illégalité et la reconnaissance administrative temporaire. Le quartier était illégal. Cependant, les citoyens aspiraient à un droit au logement, l'une des chartes des droits de l'homme à acquérir. Un droit repris à la Conférence internationale de l'habitat. Conférence à laquelle Dalifort avait brillé par l'image. Oui, il avait occupé le devant de la scène internationale grâce au film documentaire « **De mains et d'espoir** », réalisé par Jacques Bensimon[2]. Un film documentaire retraçant les grandes étapes de l'évolution et les raisons de l'implantation des populations sur les lieux. La projection de ce film n'avait pas manqué de montrer aux autorités et à la face du monde que le développement durable ne pourrait pas être atteint sans l'implication des concernés. D'ailleurs, toutes les actions de développement menées de concert avec la communauté concernée, pour une amélioration du cadre de vie, ont vu la participation de tous. La participation des bénéficiaires est multiforme. Si sous d'autres cieux on parle de la théorie du développement communautaire, Dalifort est une pratique concrète. On peut dire, sans risque d'être démenti, qu'il est parmi les pionniers du développement participatif. Des théoriciens se sont vantés ou se sont érigés en grands défenseurs de la démarche participative. Une chose est certaine, ils sont rares à être des acteurs directs. Les pratiquants, tapis dans l'ombre, n'ont jamais été entendus. Ils sont les grands absents des grandes rencontres où l'on prétend décider pour eux. Être pauvre n'est pas synonyme de non-maîtrise de sa situation ou d'ignorance de ses potentialités et capacités.

Cette communauté, jugée pauvre par le type d'habitat, par sa majorité d'analphabètes, par son manque de qualification professionnelle, maîtrisait au moins ses aspirations et désirs. Elle s'était fixé un but. Les

---

[2] Jacques Bensimon, cinéaste canadien, réalisait ce film documentaire avec la complicité de la communauté.

dirigeants avaient affiné des stratégies pour l'atteindre. Elles s'appuyaient sur une organisation et sur la confiance de leurs pairs. Ils avaient agi en conséquence, en fonction des besoins exprimés et par rapport aux moyens disponibles.

Des organisations non gouvernementales, des professionnels ainsi que des stagiaires s'étaient remis en cause et avaient revu leurs copies face à ces analphabètes et leur appréhension des occupants de l'habitat précaire. Le nouveau contact avait suscité des questionnements et avait remis en selle le débat sur la notion d'analphabétisme. L'analphabétisme se mesure-t-il par le degré de fréquentation d'une école formelle ? Ceux qui avaient foulé le sol de Dalifort avaient découvert une population engagée. Ils avaient découvert un nouveau système et un nouveau style d'approche et d'organisation dans le domaine de la recherche/action. Ils avaient vite révisé leur perception de la notion de vie communautaire et avaient adopté un autre comportement à la dimension de l'école informelle.

Leurs constats se trouvaient consignés à travers leurs écrits et consolidés à travers leurs relations post-stage. Une parfaite organisation sociale de base y était pour beaucoup. La communauté s'était hiérarchisée. Une façon sûre de mieux communiquer et de mieux contrôler la vie au quotidien. Un groupe, discipliné, respecte et applique les consignes de ses leaders. Cela n'exclut pas les débats d'idées. Il est permis que l'on ait, naturellement, une idée contraire à celle du groupe. Il est admis de les exprimer, mais de façon très lucide. Il y aura toujours une oreille attentive.

La notion de solidarité, au sens vrai du terme, est un pilier primordial du développement communautaire tel que vécu dans ce coin perdu de la capitale. Le fait de croire à un projet de société, élaboré et exécuté avec l'intéressé, est un signe d'encouragement moral. L'ordre et le respect facilitent l'atteinte des objectifs. Ces quelques éléments, primitifs, sont des principes de travail et de cohabitation. La protection du bien commun aide à consolider les efforts.

Lorsque le quartier « Champs de Course » fut déguerpi, les populations locataires avaient trouvé Dalifort plus accessible et plus compatible avec leurs aspirations. Quelques mois plus tard, de nouveaux visages et de nouveaux comportements se développaient dans cet espace que l'on croyait sécurisé. Des bistros clandestins, des maisons « closes », les agressions, les vols..., prenaient de l'ampleur. L'inquiétude s'emparait des chefs de famille. Malgré la situation de précarité et de pauvreté, ils avaient la maîtrise de tous ceux qui étaient sous leur autorité, d'où l'absence de délinquance majeure dans le périmètre. Des rencontres entre dirigeants, pour y mettre un terme, se tinrent successivement. Le résultat avait abouti à la mise en place, avec l'appui de la brigade de gendarmerie de Hann, d'une unité spéciale de surveillance du quartier. Des volontaires quadrillaient le quartier à tout moment. L'unité avait érigé son quartier général à l'école Dalifort. Y était acheminée toute personne non identifiée ou suspecte. Elle y était interrogée. Le contrevenant encourait une sanction allant d'un avertissement à une amende ou à un transfert à la gendarmerie pour y subir des investigations plus poussées. Les consignes du partenariat établi entre la gendarmerie et le Comité de quartier étaient claires. Chaque partie essayait au mieux de les respecter. À l'époque, cela avait porté ses fruits et était mis en pratique dans beaucoup de quartiers de Dakar. C'était la naissance du phénomène des comités de vigilance.

Les retombées de la fraternité ne sauraient tarder à être récoltées avec la publication du film documentaire qui avait séduit plusieurs assemblées, plus particulièrement celle de Vancouver en 1976. L'engagement des populations à résoudre les équations comme l'éducation, la santé, la sécurité et l'environnement, bien que le droit à un logement reste un combat, n'avait laissé aucune autorité indifférente. Le film documentaire produit par l'Office Nationale du Film du Canada en collaboration avec le Centre des Nations Unies pour les Établissements Humains, retraçait les temps forts d'une communauté qui, malgré son statut, avait magnifié à la face du monde la force d'un vouloir commun. Le désir d'exister était primordial. Le combat des occupants était unique : avoir le droit à la reconnaissance. À défaut de se maintenir sur les lieux, se faire recaser était un autre combat légitime, mais secondaire. Aucune de ces perspectives n'était en vue dans un proche avenir. Optimiste, la communauté l'était. Parvenir à l'amélioration du cadre de vie était une option de séduction. Jamais la population ne s'était sentie vaincue par l'idée de voir sa peine perdue. La bataille de l'occupation des lieux n'avait jamais cessé entre elle et les autorités. L'abnégation d'arriver à un résultat la rassurait et lui avait fait croire que tous les signaux étaient en sa faveur. Elle était absolument sûre de tenir le bon bout. Ce qu'elle ignorait, c'est combien de temps prendrait la traversée de l'incertitude. Elle était persuadée que le bout du tunnel n'était pas loin. C'était une question de patience et de persévérance.

La vie quotidienne de la communauté était la parfaite illustration du poète Président Léopold Sédar Senghor en disant : « Pincez tous vos koras, frappez les balafons, le lion rouge a rugi… », au premier couplet.

« Fibres de mon cœur vert. Épaule contre épaule, mes plus que frères, Ô Sénégalais, debout ! Unissons la mer et les sources, unissons la steppe et la forêt ! Salut Afrique mère », au refrain.

Les hommes politiques, les chefs religieux et coutumiers de même que de simples fonctionnaires avaient fini d'être séduits par l'engagement et la conduite de cette communauté isolée. Les politiciens cherchaient, par tous les moyens, à l'accompagner dans sa progression pour un rayonnement prochain. Par stratégie, elle choisira une alliance avec le parti au pouvoir. Leur soutien à Diop le maire, opposé à Moussa Diouf Diagne, en 1972, pour la conquête de la quatrième coordination, avait beaucoup pesé sur la configuration de la carte politique de Dakar à l'époque. En retour, Doudou, comme l'appelait familièrement la communauté, avait hardiment défendu, protégé et contribué à une valorisation de leurs actions et investissements communautaires. L'acte un de sa promesse électorale à la tête de la 4e coordination fut l'appui à l'équipement et l'affectation d'un agent sanitaire communal à la nouvelle structure sanitaire du quartier. Ces apports avaient alimenté la une du quotidien national.

Une complicité manifeste était établie entre la communauté et Doudou. La forte mobilisation politique des Dalifortois avait pesé lourd lors de toutes les rencontres et effrayé des opposants. Tous les politiciens courtisaient Dalifort. Chaque leader politique tirant de son côté, à la recherche d'une base politique plus étoffée, avait fini, une seconde fois, de scinder le groupe en deux. Ils avaient profité de la situation latente de conflit post-décès de Demba. Ils avaient aiguisé les aspirations individuelles et étalé en plein jour les divergences fratricides. Un morceau restait à Dakar avec Doudou et le second atterrissait à Pikine, dirigée par Kabirou Mbodji, deux camarades de même parti.

Appuyée par les camarades de Pikine, l'appartenance administrative et politique de Dalifort au département de Dakar basculait, et définitivement au département de Pikine en 1993 à la faveur d'un nouveau découpage territorial de la région de Dakar. Le nouveau découpage administratif a donné naissance aux départements de Pikine et de Guédiawaye. Cette opposition a eu une connotation ethnique. En réalité, il est vrai que les Hal Pulaar étaient majoritaires dans l'un des côtés. Il n'y avait pas, dans les deux parties, d'homogénéité ethnique. Les habitants choisissaient leur camp d'une manière tout à fait autonome.

La séparation de la communauté était ressentie, le plus souvent, quand des activités politiques étaient à l'horizon. On pouvait citer les renouvellements des instances de base du parti au pouvoir. C'était des moments négatifs dans l'harmonie de la communauté. Pour un oui ou un non, les esprits s'échauffaient. Il arrivait, par le biais d'éléments isolés et zélés, qu'on en vienne aux mains. Ce n'était pas l'opposition entre frères qui était importante, mais plutôt comment ils arrivaient à parler d'une seule voix face aux besoins communautaires. Au-delà des aspirations politiques, la concertation était possible autour de la chose commune. Ce qui a changé, on le disait quelque part, est que tout, désormais, se gérait à deux. Chaque partie faisait de son mieux pour éviter les critiques venant de l'autre, sur une activité ou action qui lui était confiée. En finalité, on tendait vers la perfection.

La prise en compte de la notion de priorité était fondamentale dans la réussite des actions entreprises jusque-là. Les succès, dans le domaine de la prise en charge communautaire, ne se comptaient pas. Le constat n'avait pas laissé indifférent le visiteur. Il s'interrogeait. N'y avait-il pas un recours à une consultation étrangère dans la gestion des choses publiques ? L'interpellation principale était comment des gens, considérés comme des rejets de la ville, analphabètes de surcroît, avaient-ils pu bâtir une organisation aussi solide et parfaite ? Les plus grands planificateurs avaient rangé leurs papiers et étaient tombés sous le charme. Cela justifie-t-il l'idée qu'un peuple est à l'image de ses dirigeants ?

La projection du film documentaire « De mains et d'espoir » à travers le monde avait attiré l'attention de plusieurs organismes et chercheurs vers Dalifort. Des étudiants en médecine, en sociologie, en urbanisme… y effectuaient des stages de terrain pour valider la fin de leur formation. Plus particulièrement, ils venaient de grandes écoles nationales ou internationales comme l'École Nationale des Éducateurs et Assistants Sociaux, l'École Nationale d'Économie Appliquée, de l'École Nationale de Développement Sanitaire et Social, de l'Allemagne, des États-Unis d'Amérique…

Au-delà de tous les aspects de la vie moderne, on note un besoin constant, permanent de l'homme à trouver un refuge afin de se garantir un avenir meilleur.

La restructuration

Seule zone d'extension de la ville, il y pousse de somptueuses villas. Chacun cherche une possibilité pour y acquérir une résidence. Si Dalifort avait été un être vivant, on aurait dit qu'il traversait l'étape la plus importante de son existence, l'âge adulte. Il avait fait son enfance dans la douleur. Il avait été un enfant dit de la rue, sans protection ni assistance et donc pas d'état civil. Il ne devait son salut qu'à sa spécificité et à sa résistance aux attaques externes. Il avait vécu une adolescence matérialisée par tous les tourbillons d'une forte mutation architecturale et démographique.

Il savait que la survie n'a pas de prix. Alors la seule issue était « **tous pour tout** ». Chaque maillon de la population avait une partition à jouer dans la gestion directe des affaires de la communauté et s'en acquittait convenablement. Les jeunes se retrouvaient dans différentes structures comme l'Association sportive et culturelle, les partis politiques et les femmes dans la commission « femme, santé, environnement »... Ils s'impliquaient et prenaient en charge la gestion de l'environnement et l'encadrement des enfants.

La reconnaissance officielle du quartier est, désormais, irréversible. Inconnu puis marginalisé, il est devenu, en moins d'une décennie, une convoitise. On n'a pas besoin de cauris pour se faire lire le futur. Dalifort retient les attentions sur le plan national et international. Une nouvelle étape est à franchir. Une épreuve dans laquelle des quartiers restent suspendus.

Dalifort change de statut. Le qualificatif de « quartier » lui est reconnu grâce au décret n° 87-1194 déclarant le projet de restructuration du quartier de Dalifort d'utilité publique, signé par le Président Abdou Diouf le 25 septembre 1987 et dont le texte est intégralement livré en annexe. Le décret donne suite au rapport conjoint du ministre de l'Économie et des Finances et du ministre de l'Urbanisme et de l'Habitat. La date du

25 septembre officialise la naissance et l'existence du quartier. Elle range aux archives des années de combat pour une existence refusée. La légalité est obtenue. Une manche de la bataille est gagnée.

Avec le décret, les étapes de la restructuration et de l'autonomie sont engagées. Le premier changement est l'émergence de la responsabilité individuelle. Il fait surface et va, désormais, prendre le relai sur la solidarité collective, une marque faite par les derniers témoins de la traversée des trois périodes principales d'évolution de Dalifort. L'engagement et la concertation cèdent la place aux intérêts individuels. Conséquence logique d'une transition de la gestion communautaire vers la gestion administrative multiforme. L'administratif reconnaît, en priorité, dans les cas de figure, la propriété individuelle caractérisée par l'ouverture de dossier personnel. Elle peut, cependant, s'appuyer sur le travail de groupe. Le « moi » se substitue au « nous ». L'avènement de l'autorité communale avait fini de mettre à genoux le pouvoir de concertation des dirigeants, chefs religieux et chefs de quartier.

L'occupation de la zone par Dalifort a été qualifiée d'« illégale » et non pas d'« anarchique ». Le quartier est installé sur le privé de l'État et sur des titres fonciers privés. La partie qui avait fait l'objet d'évacuation, sur recommandation de monsieur le Gouverneur, est un titre foncier privé. On comprend la raison de l'entassement des populations sur la surface appartenant à l'État, occupée illégalement. Tous ceux qui ont été frappés par la loi de l'occupation anarchique ou de la voie publique ont vu la résurrection des bulldozers à leurs dépens. Les cas de la Générale Foncière sur l'emprise de l'autoroute, de Poste-Thiaroye, de Diamaguène…, sont encore frais dans les mémoires. La majorité de la population a classé ces actions parmi des faits divers ou politiques. Pour réponse, l'autorité a évoqué des raisons de sécurité et de fluidité de la circulation.

La communauté de Dalifort a eu à surmonter d'innombrables épreuves, a esquivé beaucoup de coups pour parvenir à un tel résultat. Elle sut supporter, pendant un demi-siècle, le poids de la marginalisation. Les multiples études sociologiques, thèses et mémoires de fin d'études avaient fini de convaincre le gouvernement et leurs partenaires au développement de reconnaître la force organisationnelle des habitants de Dalifort. Ils avaient, avec force, démontré que Dalifort faisait la fierté du Sénégal en matière de participation aux efforts de développement communautaire. Un cas particulier, pour une nouvelle approche dans la vision du mode de vie dans les « bidonvilles » et dans la résolution des cas d'habitats irréguliers, était entrepris. Le plaidoyer porté au niveau international, avec des arguments, sera entendu. L'analyse de la situation des quartiers irréguliers doit dépasser une vision sur le statut foncier, mais plutôt sur la manière de vivre des occupants et des impacts directs sur leur environnement, par exemple.

Le destin de l'homme se forge avec le temps et plus particulièrement dans l'affirmation de son désir d'exister. Désormais, Dalifort s'inscrit à la première page des journaux, des rencontres ou des séminaires sur l'habitat irrégulier, en ordre du jour. Pour la coopération internationale, une école ouverte à la recherche est trouvée. Il est vrai que ceux qui avaient foulé le sol de ce quartier, longtemps associé à la promiscuité, au banditisme urbain, à la pauvreté, à l'analphabétisme, avaient été surpris de la joie de vivre des habitants. Ils en repartaient avec une autre vision. Ils y revenaient pour des raisons purement professionnelles ou en simples visiteurs. Ils y avaient trouvé de nouveaux amis. Ils y revenaient pour s'enrichir, lutter contre le stress sous toutes ses formes.

Dalifort est un milieu favorable à l'équilibre. Un nouveau concept de la vie est fait par les non-résidents. L'esprit des visiteurs se formate. Ils découvraient du social, du spirituel et de l'organisation au sens étymologique. Un ex-agent de la restructuration témoigne : « J'ai été séduit par le combat des habitants. Dès mon premier contact avec eux, je me suis dit : voilà ce qu'il me faut pour mettre en pratique ma formation. Travailler entre quatre murs ne m'a jamais enchanté. Une population très mobilisée et très engagée ». Il ajoutait que les notions d'analphabétisme, de surnombre dans les concessions, de mode de vie où les attitudes comportementales ne reposent que sur des éléments subjectifs, facteurs de pauvreté, n'entachent en rien la joie de vivre. Les institutions, les structures et les personnes consultées avaient trouvé des raisons de soutenir le choix du quartier pour abriter le projet pilote de la restructuration et de la régularisation foncière financé par la République fédérale d'Allemagne. Ils affirmaient ne point être déçus de l'atteinte des objectifs, des résultats attendus. La projection du film « De mains et d'espoir » avait boosté le choix de Dalifort.

L'adoption d'un projet de décret, par l'État, pour réduire l'habitat spontané aux environs de Dakar et des autres villes de l'intérieur, avec l'occupation anarchique des zones inaptes à l'habitat, à la périphérie immédiate des grandes agglomérations, était vitale. Des quartiers « bidonvilles » sont bâtis sur les flancs de Dakar, des grandes banlieues comme Grand-Dakar et Pikine. Ces habitats ne respectent aucune norme d'urbanisation. Le fléau était latent jusqu'au moment où de nouveaux venus, avec un style nouveau, y érigèrent de somptueuses villas.

Les motifs du premier et du second occupant sont différents. Le premier est chassé de chez lui par des phénomènes naturels. Le second, « petit bourgeois », en complicité avec des promoteurs immobiliers, met ses économies dans une propriété d'avenir. Des coopératives, émanant de structures privées, faisaient la promotion des sites, à usage agricole, inhabitables, et y cédaient des parcelles à des prix concurrentiels. L'État, avec ses sociétés à habitation moderne, aidait au renforcement de la spéculation foncière en construisant des logements sociaux avec l'extension des SICAP Liberté, des HLM (Grand-Yoff, Guédiawaye, Mbao), les HAMO…

La projection du film et la signature d'un décret ne sauraient suffire pour améliorer le cadre de vie de ces milieux défavorisés. Il faut un partenaire financier. Le concours de ces trois éléments aura permis la mise en pratique du projet de restructuration. L'implication des concernés est un plus pour aboutir à la concrétisation. La communauté aurait consenti, pour son auto-développement doublé de sa capacité organisationnelle, des efforts consacrés à la santé, à l'éducation, à l'environnement et à la stratégie développée pour la collecte de la participation des chefs de ménage pour solder les dépenses engagées. Le soutien des personnalités politiques n'était pas à négliger.

En dehors d'explications fondées sur des déclarations populaires, l'administration avait une version, dite officielle, du choix de Dalifort pour abriter le projet pilote de restructuration et de régularisation foncière des quartiers irréguliers dans la région de Dakar. On retiendra la version officielle. Bien avant, il se pratiquait la politique de l'habitat social. L'État laissait occuper des espaces sans intervenir. L'occupation pouvait durer des années, vu que l'État n'y avait pas de programme. Au besoin, il aménageait une zone de recasement et aidait les populations concernées à s'y installer. Les cas de Baye Gaïndé, Angle Mousse, Kip Coco…, sont édifiants. Il y avait du social dans la pratique. La politique du bulldozer consistait à démolir systématiquement toute occupation sur des lieux non autorisés après sommation. La plupart du temps, elle visait les occupations de la voie publique.

En 1986, il y a eu le programme de construction de la voie des Niayes, infléchi. C'est la construction de la route partant de la jonction (rond-point) Liberté 6 vers les Parcelles Assainies, passant par l'échangeur de

Grand-Médine (Sénégal 92). Les travaux avaient provoqué l'opération de déguerpissement des environs de la Cité Millionnaire. Cette action avait fait couler beaucoup d'encre et de salive. Elle avait rendu beaucoup de familles pauvres et vulnérables. Des biens matériels avaient été réduits en poussière. Les échos de cet événement douloureux avaient fait le tour du monde. La réaction, sur le plan international, de la République fédérale d'Allemagne a été de proposer son concours pour le traitement des quartiers irréguliers. En substitution aux procédés de démolition des habitations, la coopération allemande explorait et cherchait avec le gouvernement du Sénégal à affiner une stratégie plus humaine. De la réflexion est née l'idée d'un projet de restructuration des quartiers irréguliers et périphériques de Dakar.

Une fois les termes de référence du projet approuvés, il fallait choisir un quartier. Pour ce faire, des critères de sélection devaient être établis pour départager la multitude de quartiers répertoriés. Les trois critères fondamentaux étaient :

1) l'accessibilité du quartier ;
2) que la taille du quartier soit maîtrisable ;
3) que les populations aient la volonté de participer à l'amélioration de leur cadre de vie.

D'autres points subsidiaires prêteraient leur concours pour départager les quartiers. À l'ouverture de la sélection, il y avait un éventail de quartiers dans les registres des responsables du projet. Du lot, Dalifort répondait le mieux aux trois principaux critères. Il est possible de se rendre facilement à Dalifort par l'autoroute et par le boulevard du Centenaire de Dakar. Au second point des termes de référence, Dalifort faisait, à l'époque, 7 000 habitants pour une superficie de 12 hectares. Les témoignages étaient unanimes pour reconnaître que les dirigeants étaient obsédés par le combat du maintien. Les populations, bien que vivant avec la hantise du déguerpissement, ne se sentaient jamais vaincues. Elles se réunissaient, investissaient, s'informaient…, matérialisant ainsi leur volonté de participer à l'amélioration de leur cadre de vie précaire.

En dehors des critères officiels de sélection de départ, Dalifort présentait un type d'habitat singulier. Dalifort était, à cent pour cent, constitué de constructions amovibles (baraques). Ce qui permettra de limiter les coûts d'intervention et les dégâts matériels. Dalifort est installé sur le domaine national. Telle est la version officielle du choix de Dalifort pour abriter la phase pilote du projet de restructuration et de régularisation des quartiers irréguliers de Dakar. Les études du projet de lotissement-restructuration seront appliquées, également, aux quartiers Sam-Sam à Thiaroye et Arafat à Grand-Yoff.

Le choix de Dalifort ne fut pas gratuit. Il est à rappeler que, par des cotisations et par les recettes récoltées de la vente clandestine des dernières parcelles, Dalifort a entièrement pris en charge l'introduction de l'eau potable et courante, la construction des premières classes de son école primaire ainsi que les locaux de son poste de santé. Sur le plan de la gestion environnementale, Dalifort avait mis au point un système de collecte et d'entreposage des ordures ménagères et des eaux usées. Des points de dépotoir, désignés et aménagés, faisaient l'objet d'une surveillance permanente par des volontaires.

Une commission était chargée de superviser les actions à mener. Au-delà des dispositions spécifiques environnementales, la communauté organisait, à des périodes régulières, des journées de nettoiement du quartier et de ses environs. Ces journées de nettoiement étaient le plus souvent organisées en période pré-hivernale pour lutter contre la prolifération des mouches et des moustiques. Se fondant sur les statistiques sanitaires, le premier problème de santé des populations serait le paludisme. La notion de prévention de la maladie hivernale était déjà prise en compte. Les populations effectuaient des opérations de nettoiement général avant et après l'hivernage par le désherbage tout autour du quartier. Une manière de protéger les populations des rampants et de réduire les possibilités de multiplication des insectes.

Les mobilisations populaires avaient motivé la mise en place de la commission « femme, santé, environnement » et de la première expérience de ramassage des ordures ménagères par charrette sur financement et encadrement de ENDA Tiers Monde. La somme de ces expériences avait valu à Dalifort un appui supplémentaire pour la création d'une unité de compostage à partir des ordures ménagères. Ce volet, soutenu par la Coopération allemande et le Christian Children's Fund, n'avait pas abouti aux résultats attendus, pour des raisons diverses. On retiendra que le projet de compost était trop lourd pour les populations. L'absence d'un encadrement technique avait pesé sur la bonne volonté… La bonne volonté ne suffit pas pour la résolution d'un problème d'ordre technique. Si la maîtrise du sujet, sur tous les plans, n'est pas effective, au cours du processus, il est certain que des insuffisances surgiront. La communauté était arrivée à une étape où seul l'engagement ne saurait être suffisant pour la vraie clé du succès.

À l'opposé des projets antérieurs, la communauté disposait d'ouvriers qualifiés et bénéficiait de conseils techniques des départements ministériels concernés. L'unité de compostage était entièrement gérée par les ressources locales sans expérience dans le domaine. Les populations s'étaient jetées dans le projet, d'envergure nationale, en minimisant l'appui technique extérieur. L'échec était d'avance programmé.

L'expérience avait été néanmoins positivée. L'analyse des raisons de l'échec a permis de revisiter les forces et les faiblesses d'une organisation communautaire. Elle pousse à une réflexion plus accentuée sur les engagements futurs. Cela dit, quel que soit le degré d'engagement des populations, l'accompagnement des services compétents reste une nécessité. Demander conseil ou assistance n'est jamais de trop dans une action. L'apport extérieur renforce et solidifie les positions ou donne de nouvelles dispositions et permet de corriger les erreurs.

L'approbation du texte de restructuration des quartiers irréguliers de Dakar ne veut pas dire, pour autant, que l'État met définitivement fin aux opérations de démolition ou de déguerpissement. Il pourrait mettre en branle les bulldozers partout où le besoin se ferait sentir. Le cas de l'occupation de l'emprise de l'autoroute à hauteur de Dalifort, de SIPS, Poste-Thiaroye…, en est un exemple.

Une nouvelle ère est née, un nouveau challenge à relever. Pour ce faire, il a fallu adopter un nouveau comportement. Il faudrait se départir de l'informel, allier la parole à l'écriture, la réflexion à l'action. L'écriture et l'action allaient désormais dicter l'évolution de la situation. Toutes les actions sont immortalisées par un rapport.

L'arbre avait grandi. Les espoirs se confirmaient. La population, unie autour d'un même idéal, engageait la cueillette de fort belle manière. La contradiction avait fait jaillir la raison.

Ce qui impressionnait les plus avertis était la constance dans l'approche unitaire, la convivialité et la spiritualité de la communauté de Dalifort, considérée comme « primitive ». Un classement qui n'était fondé, en réalité, que sur l'apparent. Leur façon de vivre était en fait le reflet de leur diversité culturelle. Le culte des anciens habitait chaque individu. Il traduisait leur solide formation morale.

La population était préoccupée, désormais, par l'organisation et la mise en œuvre du projet de restructuration et de régularisation foncière qui lui était tombé entre les mains. Les prières et les sacrifices antérieurs étaient exaucés. Une seconde chance venait frapper à leur porte. La première était d'avoir échappé au déguerpissement. Cette seconde chance était saisie par de solides bras. Elle manifestait joyeusement sa victoire sur le temps et sur les véreux spéculateurs fonciers. La communauté avait exigé, de toutes ses composantes, de participer pleinement à la conception des termes de référence et à la gestion des multiples points inscrits au projet.

Avec le projet, Dalifort allait subir sa troisième mutation. Des changements qui apporteraient de l'espoir à des familles qui, durant des années, avaient soufflé le chaud et le froid. Le lotissement, tant attendu, était enfin arrivé. Dans toutes les conversations, c'était le lotissement, terme local couramment utilisé pour parler de la restructuration, qui était à l'ordre du jour. Le quartier serait loti. Le quartier sera loti ! Le cri de la victoire retentissait. Les plus optimistes se cantonnaient à citer le proverbe qui dit : **« Tant qu'il y a la vie, il y a de l'espoir »**.

La République fédérale d'Allemagne a accordé au Sénégal une importante enveloppe pour l'amélioration des conditions de vie des populations. La coopération visera la lutte contre la spéculation foncière. Une situation qui a beaucoup affecté la politique d'urbanisation des gouvernements des pays en développement. L'appui est venu à un moment où l'État, dans l'évolution de la demande de logement, était dos au mur. Des actions douloureuses troublent toujours le sommeil d'honnêtes citoyens. Parmi ceux-ci, le cas des environs de la Cité Millionnaire est encore intact dans les esprits. La frustration est encore populaire. En acceptant le projet de coopération, le pouvoir public entendait mettre fin à la répression, à la démolition et à l'attribution de terre à l'insu des autorités compétentes.

Le gouvernement du Sénégal a, à cet effet, introduit un projet de décret organisant la procédure d'exécution des opérations de restructuration et de régularisation foncière des quartiers non lotis dans les limites des zones à rénovation urbaine. Le décret est l'aboutissement de nombreuses recherches et d'une large concertation entre le ministère de l'Urbanisme et de l'Habitat, le ministère de l'Économie, des Finances et du Plan, et les autres Départements intervenant dans le secteur de l'urbanisme et de l'habitat.

La première conférence internationale consacrée aux villes s'est tenue à Vancouver (Canada) au mois de mai 1976. Les deux constats dégagés étaient que les deux tiers de la population vivaient en milieu rural et que l'urbanisation n'était pas parmi les priorités des programmes gouvernementaux alors que les problèmes prenaient de l'ampleur. Ils touchaient, en particulier, les pays en voie de développement qui faisaient face à un exode rural massif. La conférence, intitulée « **Habitat I** », marque le début d'une prise de conscience mondiale. Les participants reconnaissent que les conditions de vie des populations influent directement sur le développement humain, social et économique. Un développement urbain incontrôlé pourrait avoir un impact négatif sur l'environnement. Les chefs d'État adoptent les premières stratégies pour résoudre les problèmes de croissance urbaine.

En 1996, vingt ans après, les Nations unies organisent à Istanbul une deuxième conférence sur « les villes » pour faire le bilan des progrès réalisés. L'important travail réalisé par le truchement du projet pilote de « **restructuration et de régularisation foncière** » de l'habitat spontané de Dalifort, mis en place grâce à la coopération technique et financière de la République fédérale d'Allemagne, en fut un exemple. Les résultats enregistrés font la fierté des deux pays. La conclusion de la conférence mondiale de 1976 a amené l'État à prendre des mesures tendant à sécuriser nos villes. L'urgence des actions a entraîné la proclamation d'un programme pour l'habitat et la déclaration que « les villes doivent être un lieu où chacun doit être capable de s'épanouir en dignité, santé, sécurité, bonheur et avec espoir ».

Le projet de décret de restructuration et de régularisation foncière de rappeler que depuis deux décennies, en effet, l'habitat spontané a pris d'assaut Dakar et les autres villes de l'intérieur, avec une occupation anarchique des zones inaptes à l'habitat. À cela, s'ajoute le cas des villages traditionnels caractérisés par la promiscuité, le manque d'équipements communautaires et de l'inexistence de titres d'occupation, entraînant la prolifération de constructions non autorisées qui densifient un tissu urbain déjà saturé.

Dans l'option de mettre fin à cette situation, le ministère chargé de l'Urbanisation initie une politique qui permettra, à moyen et long terme, la résorption de l'habitat spontané à Dakar et dans les villes de l'intérieur. Cette politique sera basée sur la participation des populations tant sur le plan financier que sur celui de la conception technique du plan de lotissement de restructuration devant assurer l'amélioration de leur cadre de vie.

Monsieur Famara Ibrahima Sagna, ministre de l'Économie, des Finances et du Plan, et monsieur Amath Dansokho, ministre de l'Urbanisme et de l'Habitat, ont soumis à monsieur Abdou Diouf, président de la République, le projet de décret n° 91-748, qui définit le cadre et la procédure d'exécution des plans de rénovation de l'habitat spontané en vue d'organiser les interventions des bailleurs de fonds et des autorités compétentes.

La restructuration et la régularisation foncière de l'habitat spontané pourraient être des solutions réelles pour la promotion de l'habitat social. La forme d'organisation est accessible et contrôlable par les différentes parties concernées. La formule des coopératives d'habitat avec des ouvertures de dossiers, non maîtrisée par les ayants droit, pourrait être une source de limitation et une porte fermée pour le pauvre chef de famille. La sélection est entourée de suspicions. L'occupation des sols, avec des litiges à n'en plus finir, est réelle. Les promoteurs sont des sources de conflits. La restructuration et la régularisation foncière à Dalifort ont été une expérience de gestion directe des populations et de tous les problèmes. Le résultat est concret. Les ayants droit ont été mis en confiance et cela s'est traduit par le remboursement des frais d'investissement sans contrainte de revue et de durée.

Le rapport conjoint du ministre de l'Économie, des Finances et du Plan et du ministre de l'Urbanisme et de l'Habitat organise la procédure d'exécution des opérations de restructuration et de régularisation foncière des quartiers non lotis dans les limites des zones de rénovation urbaine.

La régularisation foncière a comporté les opérations suivantes :

La démarche

1 la réalisation d'un état des lieux de la zone à restructurer ;

2 le recensement de l'ensemble des propriétaires d'impenses et des locataires situés dans la zone ;

3 l'établissement d'une liste des occupants du quartier pouvant bénéficier de la régularisation foncière sous la forme d'une concession de droit de superficie ;

4 l'organisation des futurs attributaires de parcelles en groupement d'intérêt économique ou en coopérative afin d'assurer leur participation à l'exécution de l'opération de restructuration et de régularisation foncière ;
5 l'élaboration d'un plan d'urbanisme de détail ;
6 l'immatriculation au nom de l'État de tous les terrains du domaine national et l'expropriation pour cause d'utilité publique des terrains privés occupés irrégulièrement, compris dans le périmètre de la zone ;
7 l'élaboration d'un plan de rénovation urbaine, sous la forme d'un plan de lotissement de restructuration avec la participation effective des populations concernées ;
8 la fixation de la participation financière de l'attribution de la parcelle.

Par mesure de prudence, il a été mentionné dans le rapport, à l'article 3, que :

> « Sont seules recevables, les demandes de droits de superficie, de propriétaires d'impenses dûment recensés à la phase préliminaire de chaque opération de restructuration et de régularisation foncière par une commission désignée par le ministre chargé de l'Urbanisme. »

La demande des locataires

Toutefois, les demandes de droit de superficie des chefs de famille locataires dans la zone à restructurer peuvent être examinées à la limite des parcelles disponibles selon les règles de priorité suivante : ancienneté de l'installation dans le quartier, taille de la famille, etc.

La demande d'un propriétaire de titre foncier, ou d'un non-résident peut être examinée dans la limite des parcelles de recasement disponibles.

Le plan de lotissement de restructuration est élaboré en tenant compte dans la mesure du possible de la configuration des parcelles. Les droits de superficie seront octroyés selon l'implantation effective. Le plan de lotissement de restructuration est accompagné d'un règlement particulier d'urbanisme ».

Sur la base du plan de lotissement de restructuration et du recensement effectué, la liste des propriétaires d'impenses est préparée par la commission, en relation avec les comités de quartier mis en place pour sa réalisation participative.

Le recasement

Les propriétaires d'impenses situées dans des zones impropres à l'habitat, ou sur des lots rendus inconstructibles en application du règlement particulier d'urbanisme, sont réinstallés dans un lotissement de recasement.

La liste des ayants droit, arrêtée par la commission visée plus haut, est transmise par le directeur de l'Urbanisme et de l'Architecture au directeur de l'Enregistrement, des Domaines et du Timbre pour l'établissement du droit de superficie.

Les personnes qui occuperaient irrégulièrement des terrains feront l'objet de mesures de déguerpissement.

Le recouvrement

Pour assurer le recouvrement des coûts d'aménagement, la participation au mètre carré des attributaires, arrêtée pour chaque zone, est égale à la valeur du droit de superficie à laquelle s'ajoute la contribution de l'attributaire aux frais de viabilisation. Le montant des droits de superficie est calculé sur la base du décret portant barème du prix du terrain. Les frais de viabilisation sont de même calculés sur la base du plan de lotissement de restructuration, établi d'un commun accord avec les populations concernées. Le paiement intégral de la participation donne droit à l'établissement, au profit de l'attributaire, de la concession de droit de superficie qui est accordé pour une durée de cinquante (50) ans.

La participation des attributaires n'est accordée que pour une parcelle à chaque propriétaire d'impenses recensé. L'occupation d'autres parcelles par un même propriétaire d'impenses peut exceptionnellement faire l'objet d'une régularisation pour des raisons dûment justifiées par la commission. Dans ce cas, la participation est majorée de 100 % par rapport au tarif résultant de l'application des dispositions de l'article 6.

La transformation

Les bénéficiaires de droit de superficie pourront demander la transformation de leurs droits de superficie en titres fonciers conformément au décret n° 87-271 du 3 mars 1987 fixant les conditions d'application de la loi n° 87-11 du 24 février 1987 autorisant la vente des terrains domaniaux destines à l'habitat, situés en zone urbaine.

Le titre foncier leur est accordé en contrepartie du versement déjà effectue de la participation.

Le ministre de l'Économie, des Finances et du Plan et le ministre de l'Urbanisme et de l'Habitat, sont chargés, chacun en ce qui le concerne, de l'exécution des dispositions contenues dans le décret définissant le cadre et la procédure d'exécution des plans de rénovation de l'habitat spontané.

Les populations ont pris conscience de la force de l'unité pour relever le défi. Les adultes, les jeunes, les femmes, accompagnés par le projet Entraide Communautaire de Dalifort affilié à l'ONG Christian Children's Fund, et les techniciens des différents services de base impliqués dans la mise en œuvre du projet, avaient bénéficié d'un renforcement des capacités individuelles et collectives en organisation formelle. La représentation locale, mieux outillée, participait efficacement à toutes les étapes du processus de mise en œuvre du projet de restructuration. Celles-ci se résumaient à la planification des activités, à leur exécution et au recouvrement des financements injectés.

Dans l'esprit des collaborateurs, il est clair que la planification avait cessé d'être un secret pour les représentants de la communauté. Les délégués, non scolarisés, parvenaient à planifier grâce aux outils didactiques conçus avec eux et testés avec succès. L'appropriation des différents contours du projet par les populations avait mis à l'aise les techniciens. Les débats contradictoires, quelquefois houleux, aboutissaient à des conclusions bien mûries. Les arguments ne manquaient pas. Il était retenu une proposition exécutable. Ce n'est pas le nombre de voix qui détermine l'éligibilité d'une proposition. Le partage de l'information avec la base et de la base aux représentants consolidait les décisions. La pyramide à sens unique est caduque.

Informer rapidement et efficacement les populations était une tâche pas facile. La performance était recherchée dans le domaine du partage de l'information. La force principale du projet résidait dans le traitement de l'information.

La mise à niveau quotidienne permettait à tout le monde de se positionner et de réagir en temps opportun. La clarté de l'information avait des conséquences directes sur la gestion des risques de blocage ou de remise en cause de décisions prises. Un pari à gagner pour les délégués chargés de vulgariser les nouvelles en provenance du projet vers les populations et vice versa. Les parties concernées sont contraintes d'aller vers l'information. Le message écrit était venu renforcer les dispositions prises pour mieux faire circuler les informations et décisions venant des deux parties.

La restructuration était une nouvelle donne. Elle avait une nouvelle exigence. Elle avait imposé une nouvelle démarche. Il faut informer vite et juste. La réussite du projet devait, impérativement, s'appuyer sur un système d'information bien structuré et contrôlé. Aucun membre de la communauté ne devait souffrir du déficit de communication. La transparence des opérations de restructuration était fondamentale. Ce qui avait conduit, dans l'approfondissement de la réflexion, à la division du quartier en plusieurs zones. Alors naquirent les dix sous-quartiers. La stratégie était de se rapprocher de plus en plus des bénéficiaires en particulier et de la population en général. Rien ne devait être négligé ni traîner en matière d'informations ou de décisions à partager.

Chaque sous-quartier avait, à son tour, désigné un représentant/délégué. Les représentants se voyaient attribuer des responsabilités spécifiques. Il leur revenait de collecter, de partager des informations dans les deux sens. Le délégué informait sa zone d'une nouvelle décision du projet ou remontait les aspirations concertées des populations par rapport à une orientation soumise à leur appréciation par le Comité de restructuration.

Le quadrillage du quartier, pour satisfaire les besoins des populations en information, était renforcé par deux autres canaux. Le premier canal, le bouche à oreille, une méthode traditionnelle de communication de masse reconnue, s'appuie sur le crieur public. Toujours sollicité et disponible, tambour en bandoulière, Guewel faisait le tour du quartier pour transmettre une information ponctuelle ou faire part d'une prochaine rencontre. Sa voix faisait aussi office de convocation officielle à une réunion publique ou privée. Les informations partagées venaient d'une source autorisée.

Le second, l'utilisation de l'écriture, est moins populaire. Il est sélectif. La majorité des impactés n'ont pas fréquenté l'école française. Il faut apporter une réponse à une sollicitation des partenaires pour préserver un équilibre social. Ce canal a conduit à la mise en place de tableaux d'affichage au niveau du bureau local et à la naissance d'un bulletin mensuel d'information, *Les échos de Dalifort*. Un journal conçu pour servir de tribune de partage interne et externe. Dans l'éditorial de son numéro zéro, il est lu : « *Les échos de Dalifort* doit être une tribune de dialogue et l'émanation de l'expression des habitants de Dalifort et de leurs collaborateurs ». Son prix d'achat est fixé à cent (100) francs CFA.

Dans le même numéro, sont livrées des informations décrivant les termes de référence des différentes commissions qui gravitaient autour du projet. En résumé du texte original, l'éditorial du Comité d'information écrivait :

> « Le Sénégal, à l'image des pays en développement, est caractérisé par un taux d'urbanisation très élevé. Cette situation s'est traduite, au plan spatial, par l'importance des occupations irrégulières qui sont devenues la forme d'habitat dans nos agglomérations urbaines et singulièrement à Dakar.
>
> C'est dans la mouvance de recherche de solution qu'un projet de "restructuration d'une zone d'habitat spontanée à Dakar" a été conclu entre le Sénégal et la République fédérale d'Allemagne.
>
> Une sélection procédée sur les différents quartiers spontanés de Dakar et les villages traditionnels a permis de choisir Dalifort pour abriter le projet pilote. Le Projet vise deux objectifs fondamentaux qui sont notamment :
>
> - la participation de la population du quartier à l'effort d'amélioration de leurs conditions de vie et d'habitat ;
> - l'application d'une politique de restructuration intégrée et participative de l'habitat.
>
> C'est cette approche participative qui justifie la volonté affichée d'informer les habitants du quartier sur toutes les

> composantes et activités du projet et de les impliquer davantage en tant que partenaires et acteurs. *Les échos de Dalifort* a été conçu pour servir de tribune en vue d'un dialogue fécond. Il doit être l'émanation de l'expression des habitants de Dalifort. C'est-à-dire que la survie de ce mensuel d'information dépend en grande partie des articles, suggestions et observations que les habitants voudront bien nous envoyer. »

Les volontaires ou désignés de la communauté, censés travailler avec l'équipe technique chargée de diriger les opérations, étaient répartis dans plusieurs commissions. On ne pouvait pas s'engager dans l'une d'elles en ignorant deux informations clés. Il s'agit de sa composition et de ses attributions. Il a été mis en place six commissions majeures pour la conduite du projet.

Les Commissions foncière et Planification

La Commission foncière est composée de quatre membres, d'une autorité morale et de deux partenaires issus du Comité des sages.

La Commission Planification a cinq membres, deux représentants issus du Comité des sages et un encadreur technique.

Le rôle de ces deux Commissions est de cerner les différents enjeux fonciers qu'implique la restructuration et de procéder à la planification de l'implantation des infrastructures et équipements collectifs.

Les Commissions foncière et Planification ont réuni et conjointement identifié les points suivants comme hypothèses de travail :

- partager les décrets d'utilité publique et de cessibilité du terrain d'assiette,
- commenter les différents statuts d'occupation du sol,
- présentation des limites physiques du terrain d'assiette, sur le plan et sur le terrain,
- discuter sur les différents types de propriétés existants (permis d'occupation, bail, titre foncier),
- décrire le plan du quartier au niveau des équipements existants, de la structure bâtie et du réseau des voiries,

- présenter les deux hypothèses de plan de restructuration développées par l'équipe,
- discuter sur les deux hypothèses proposées en vue de trouver une solution acceptable, aussi bien au niveau des principes que des coûts.

La Commission Eaux stagnantes

Elle compte cinq membres avec deux représentants du Comité des sages et un représentant de l'équipe technique.

La Commission a procédé le 24 juin 1988 à un recensement des concessions situées dans la zone des eaux stagnantes. Ce recensement a permis de constater que 66 concessions composées de 160 ménages répartis dans 130 baraques et quelques constructions en dur sont concernées par les eaux stagnantes. Parmi les 66 concessions recensées, environ 25 se trouvent dans une situation alarmante.

En attendant qu'une solution technique à long terme soit trouvée (solution qui tiendra compte des études menées par le CEREEQ), la Commission s'est penchée sur les différentes alternatives possibles pour parer au problème que pourrait engendrer la prochaine saison des pluies.

Entre autres alternatives en vue, il est cité :

- le recasement provisoire des ménages en situation alarmante,
- l'installation provisoire dans des tentes,
- le maintien du statu quo,
- les abris provisoires,
- le remblaiement ponctuel.

La dernière solution a été retenue et exécutée grâce à l'assistance technique et matérielle du projet.

Commission de promotion des activités économiques

Elle était une pièce maîtresse de mobilisation. Elle compte huit membres, dont trois femmes. La seule, d'ailleurs, qui a eu à les accueillir. C'est dû, à l'époque, au fait que les femmes détenaient cinquante pour cent du petit commerce que visait le projet. Deux responsables au niveau de l'équipe technique encadraient ce volet « crédit/épargne », plus connu sous le sigle CAPEC.

La Commission a pour mission principale l'élaboration des formes d'assistance à la promotion des activités économiques à Dalifort, notamment dans le secteur informel. Il peut s'agir d'une définition des conditions d'octroi de crédits par le projet, d'une assistance technique, d'une information sur les possibilités d'aide qu'offrent les institutions étatiques, para-étatiques ou privées existantes.

Durant la période allant du 20 mai 1988 au 27 juillet 1988, les responsables ont eu à visiter les institutions chargées de la promotion des petites et moyennes entreprises au Sénégal. Il s'agit entre autres de la Chambre de Commerce et d'Industrie de Dakar, de la Direction de l'Artisanat, de la Société Nationale de Banque, du Projet d'Appui Technique à la Délégation, à l'Insertion, à la Réinsertion et à l'Emploi… Les contacts devaient permettre de prendre davantage connaissance des programmes de ces institutions et de discuter des apports et assistances disponibles pour l'artisanat et le petit commerce de Dalifort.

Commission Information

Elle compte six membres, deux représentants du Comité des sages et un membre de l'équipe technique. Elle a pour mission de sensibiliser les populations de Dalifort sur les différents aspects du projet. Elle sert de courroie de transmission entre les habitants du quartier et les autres Commissions intervenant dans le cadre du projet.

Pour remplir la tâche qui lui est dévolue, la Commission a eu à :

- répertorier les différents systèmes d'information utilisés par les habitants du quartier ;

- procéder à un suivi permanent de la réceptivité des habitants du quartier auxdits systèmes et sur leur degré de compréhension du projet.

Pour ce faire, un questionnaire a été élaboré et appliqué sur un échantillon de 64 personnes environ. Son évaluation a permis de définir une approche pour mieux vulgariser l'information ;

- enfin, le Comité s'est penché sur les modalités pratiques pour la parution du premier numéro du journal.

Commission Infrastructures techniques

Elle a sept membres, trois membres issus du Comité des sages et un représentant de l'équipe technique. La Commission a pour mission de réfléchir aux possibilités d'amélioration et de création des équipements de base (adduction d'eau potable, évacuation des eaux usées, des ordures, électrification, réseau de voirie, équipements socioculturels, etc.).

Elle fait l'analyse des infrastructures existantes, des besoins et des mesures à prendre pour améliorer les conditions de vie de la population.

Une étroite collaboration entre les Commissions Planification, foncière, et la population de Dalifort sera la base de la réussite du projet de restructuration et de régularisation foncière. C'est dire qu'une participation effective de la population est nécessaire pour atténuer les coûts d'investissement en vue.

Les activités du projet sont réparties en deux phases :

- Une première phase test consistera à exécuter quelques mesures pour évaluer le degré de participation et d'organisation de la population et les possibilités techniques des programmes envisagés. Cette phase se terminera à la fin de l'année 1989.
- Une deuxième phase permettra, en fonction des expériences acquises durant la phase 1, la mise en œuvre des programmes dont les tests se sont révélés positifs.

L'inscription dans une Commission était libre et volontaire. Cependant, les compétences étaient fortement recherchées et encouragées. La représentativité des différentes composantes de la population est d'une grande importance. Les vieux, les jeunes, les hommes, les femmes, les propriétaires et les locataires étaient admis au sein des équipes/Commissions.

L'implication directe de la communauté était un atout pour la prise en charge de toutes les préoccupations exprimées et les priorités. Les propositions collectées étaient discutées et validées en Commission et en groupe transversal.

L'autonomie interne d'une Commission n'exclut pas qu'une décision finale prise ne fût applicable que si elle était soumise et approuvée par les autorités compétentes. Cela veut dire que les décisions de propositions faites par une Commission avec l'assistance des techniciens, soumis à la compréhension et à l'appréciation des populations, devaient être pareillement approuvées par le ministre de l'Urbanisme et de l'Habitat. Il est arrivé que le ministre demande à rencontrer une Commission pour un partage plus approfondi.

Un recensement des habitants et des parcelles régulièrement occupées avait servi de base à une vérification publique des ayants droit pour la délivrance d'un futur titre de propriété. La régularisation foncière avait concerné, en premier, les propriétaires de maison et, en second, dans la mesure du possible, les locataires. Voilà un exemple de décision concertée.

Dans le processus d'exécution du plan de restructuration adopté, près de 500 baraques (maisons) avaient été déplacées par les habitants eux-mêmes et physiquement. Un calendrier bien établi par la Commission Infrastructure et en application du plan définitif de restructuration, les maisons concernées ont fait place aux zones inondées et inadaptées à l'habitat. Elles étaient accueillies et réinstallées dans un site préalablement aménagé qu'on appelait « zone d'extension ». Le premier résultat était l'élargissement des rues sur la base du principe de planification. La configuration actuelle du quartier a été présentée sur une maquette maniable. Le plan, avant d'être adopté et appliqué, fit l'objet d'une exposition publique. Chacun avait eu son mot à dire.

Un délai avait été donné pour le dépôt des observations et commentaires. Tous les commentaires avaient été pris en compte par la Commission de restructuration. L'étape avait permis à tous de prendre part et connaissance du futur visage du quartier après les travaux envisagés. Des retouches de la maquette y avaient été effectuées par les techniciens avec note explicative complémentaire qui donnait suite aux nombreuses observations émises. La confrontation des points de vue, sur ce à quoi devrait ressembler Dalifort, avait permis de lever les équivoques des derniers moments. Ce processus prouve, une fois de plus, que la communication directe occupait une place primordiale dans l'appropriation, par les deux parties, des résultats de leur collaboration.

Pour minimiser les risques d'opposition à une décision, tous étaient d'accord, dans le cas du projet de restructuration et de régularisation foncière, que nul ne pouvait se plaindre d'un déficit d'information ou d'être exclus du processus.

L'exposition de la maquette du plan final de restructuration du quartier de Dalifort était suivie d'un arrêté ministériel l'approuvant et le rendant exécutoire.

Le plan final devait s'exécuter sur deux zones. La première était la zone d'habitation. Elle était concernée par la restructuration et était composée de 47 îlots numérotés de 1 à 47 dont la taille minimale d'une parcelle fut fixée à 80 m^2. La seconde, la zone d'extension, devra recevoir les déplacés. Elle compte 245 parcelles numérotées de 1 à 245 et avec des superficies allant de 120 à 150 m^2.

L'arrêté ministériel, rendant opérationnel le plan final de restructuration du quartier, stipule que toutes les emprises nécessaires à la voirie, aux équipements administratifs et communautaires, aux espaces publics et aux espaces verts seront la propriété de l'État. Il ajoute que le projet de lotissement aura à sa charge les volets suivants :

a) la réalisation d'un réseau d'eau potable de diamètre approprié pour l'alimentation des parcelles après accord de la SONEES ;
b) la réalisation d'un réseau électrique dans les emprises des voies de desserte après accord de la Senelec ;
c) la confection de dossiers préliminaires à l'établissement et à l'octroi par les Services des domaines, aux attributaires de parcelles d'un titre approprié (droit de superficie).

Parmi d'autres accords, inscrits dans l'arrêté, les populations étaient d'accord qu'aucune vente ou location de lots ne sera admise et aucune autorisation de construire ne pourra être délivrée avant le versement par l'attributaire de la valeur du droit de superficie d'une part, et de sa contribution aux charges d'aménagement du terrain d'autre part.

Il informe aussi que la zone restructurée devra être dotée d'un règlement spécial pour les constructions à édifier tandis que pour la zone d'extension, les prescriptions des règlements du Code de l'urbanisme en vigueur seront appliquées.

Le gouverneur de la région de Dakar, le directeur de l'Urbanisme et de l'Architecture, le directeur du Cadastre et le directeur de l'Enregistrement, du Timbre et des Domaines, sont chargés, chacun en ce qui le concerne, de l'exécution du présent arrêté qui sera publié partout où besoin sera. L'arrêté est signé par Mamadou Abass Ba, ministre de l'Urbanisme et de l'Habitat, le 16 octobre 1989.

Tous les bénéficiaires devaient, en principe, être en possession de l'arrêté. C'est un code de conduite. La maîtrise de son contenu aurait aidé à réguler les violations foncières d'après les restructurations constatées.

Le remboursement des frais engagés dans la mise en œuvre de la restructuration est un engagement ferme des propriétaires de parcelle et futurs attributaires. La contribution s'effectuera par le paiement des parcelles dont le prix est calculé en fonction d'un barème administratif, fixant le prix du mètre carré de terrain, des frais d'aménagement du quartier et des frais d'enregistrement, de timbre et de publicité foncière.

Chaque propriétaire identifié a signé un acte d'engagement pour le paiement du prix de la parcelle et est membre du Groupement d'Intérêt Économique (GIE) dans le but de garantir le recouvrement des coûts. La mise en place de ce GIE était très mouvementée et controversée. Elle avait nécessité plusieurs rencontres pour arrondir les angles. Les populations voyaient mal leur partenariat avec une banque. Un partenariat qui ne rassurait pas et n'était pas pour leur faciliter l'existence. Les rumeurs (trop négatives) autour des termes comme « intérêt », « hypothèque », « saisie »…, avaient fini de les convaincre qu'elles se jetaient dans la gueule du loup. Elles étaient prêtes à tout dans ce projet sauf à travailler avec une institution financière. Cette close n'avait pas été auparavant discutée en Commission ou en sous-quartier. Greffer un nouvel élément dans un programme en cours d'exécution peut engendrer des perturbations. Effectivement, il a fallu négocier, expliquer, donner des garanties que la banque avait pour rôle, dans le système mis en place, de sécuriser les fonds collectés. Le système, en plus, devait adoucir les conditions de paiement des parcelles. Un modèle d'épargne, expérimenté avec la Banque de l'Habitat du Sénégal, a porté ses fruits.

Les populations, encadrées par une équipe technique de la Direction de l'Urbanisme et de l'Architecture (DUA) et de la Coopération allemande (GTZ), s'étaient organisées pour s'auto-employer en qualité d'ouvriers et de personnel subalterne. Elles s'engageaient à déplacer les baraques qui obstruaient les rues identifiées, à creuser les voies d'adduction d'eau, à aider les planteurs de poteaux électriques… Chaque habitant s'était inscrit, bénévolement, dans la Commission adaptée à ses compétences et à sa capacité physique. Un engagement restait irrévocable. La participation était acceptée dans le but de réduire le coût de revient des parcelles. Le coût de la parcelle était un dividende du budget global des dépenses engendrées par la restructuration et de ses volets annexes.

La restructuration visait à améliorer le cadre de vie des populations du quartier. L'amélioration du cadre de vie passait inéluctablement par l'aménagement de rues plus larges et droites pour faciliter l'accès au quartier. Sur le plan sécuritaire, l'étroitesse des rues avait bloqué, à plusieurs reprises, les interventions d'urgence.

Des incendies avaient souvent occasionné, faute d'accès facile, la perte de vies humaines, animales et matérielle. Les sinistrés, avec l'aide des populations, combattaient le feu avec les moyens du bord et sans notions élémentaires de secourisme. L'élargissement des rues était parmi les priorités. Il est inscrit, pour rappel, dans le cahier des charges de la restructuration, l'électrification et l'installation d'un réseau d'adduction d'eau courante. Ces deux actions ne pouvaient être effectives que si et seulement si les tracés de la voierie étaient respectés. Il fallait aussi déplacer les maisons situées dans des zones impropres à l'habitat telles que la zone du terrain de football. La cuvette recevait et continue de recevoir les eaux de ruissellement pluviales. Elle est le lit de la troisième rivière et qui a donné à Dalifort son nom. Il y était cultivé du riz, de la patate…, et du poisson y était pêché. Les occupants de ladite zone, malgré la sécheresse persistante, avaient les pieds dans les eaux toute l'année. Cet espace laissé libre devait, dans l'entendement des techniciens et du Comité de restructuration, jouer un rôle de bassin de rétention. Il est source de conflit entre les jeunes et les autorités locales. Les premiers ont, jusqu'à nos jours, en tête que cette zone leur est affectée pour la pratique de leur sport préféré. Ils taxent les autorités d'être indifférentes face aux eaux qui les privent de leur droit sans réagir ou de réagir d'une manière qu'ils jugent lente et timide.

La réalité qui émanait de la conclusion des études techniques est que le remblaiement de l'espace nécessitait beaucoup de moyens financiers supplémentaires. Alors il avait été jugé plus judicieux de se focaliser sur d'autres priorités moins coûteuses.

L'aire, sèche, pouvait servir aux loisirs des populations en général et au football en particulier. Il y a été organisé le seul et unique tournoi de football de la coopération qui a regroupé les équipes des quartiers ciblés par la phase pilote de la restructuration. Sur la même place s'est tenue la première cérémonie de remise des premiers titres de propriété animée par le groupe musical de Vieux Mak Faye.

Des éléments, dans le cadre du projet, avaient été discutés et avaient fait l'objet de négociations entre le gouvernement du Sénégal, la République fédérale d'Allemagne et d'autres intervenants. Il a été bataillé ferme pour parvenir à trouver et à décrocher un terrain de recasement. Des rencontres, des négociations tous azimuts ont été déclenchées avant que le combat ne soit gagné et consolidé par un décret présidentiel. La zone était truffée d'interlocuteurs. Il y avait le domaine national et des domaines privés. Les domaines privés étaient composés de titres fonciers et de legs familiaux traditionnels. Les privés cherchaient à récupérer leur terrain et ne pouvaient pas accepter que des baraques cohabitent avec des cités modernes en perspective. Il ne suffit pas de résoudre les détails, inscrits dans le cahier des charges de la restructuration et de la régularisation foncière, pour que la communauté ait un cadre de vie amélioré et sécurisé. Pour les partenaires au développement, la meilleure façon de réduire les risques d'occupation anarchique des terres de l'État ou de privés, serait de donner la possibilité aux populations de posséder des titres de propriété. C'est la raison pour laquelle il a été associé au terme « restructuration », la « régularisation foncière ». Cela mène à un double objectif dans le projet. Il s'agit en premier de donner au quartier une figure urbaine plus ou moins conforme aux normes nationales et internationales, en second, de permettre aux propriétaires de détenir un document administratif valablement reconnu et octroyant tous les droits juridiques. Rétablir un déséquilibre social est le fondement du projet.

L'environnement souffrait des actions négatives de l'homme. La nature, c'est-à-dire les espaces libres hors de la circonscription des habitations, recevait les ordures ménagères et les déchets de provenance humaine et animale. Malgré une organisation interne de prise en charge des questions de salubrité, il demeurait capital d'équiper les maisons de toilettes pour lutter contre les maladies fécales. Ne pouvant pas installer une fosse septique dans chaque maison, une expérimentation – à quelques points de jonction des sous-quartiers – d'édicules publics fut exécutée. Il fut construit cinq blocs de toilettes publiques. Ils étaient répartis dans le quartier. Le Comité Infrastructures/Technique en avait attribué un à l'école primaire publique, un à la place publique Darou-Salam et accolé à la future grande mosquée, un au marché, un à l'école arabe et le dernier à la mosquée secondaire, dans la zone d'extension. Un nombre limité de toilettes familiales avait été aussi distribué. Les familles récipiendaires avaient donné une participation financière, à hauteur de 50 % des dépenses engendrées par les travaux. La répartition faisait état de deux par sous-quartier.

Les résultats des sondages de la profondeur de la nappe rapportaient que l'installation de fosses septiques ne l'affectait point. La nature et la qualité du sol avaient poussé les bénéficiaires de parcelle à banaliser la prise en compte du drainage des eaux pluviales. La prise en charge de canaux d'évacuation des eaux de ruissellement était considérée comme un investissement lourd. Le sol était perméable. Il était capable de laisser filtrer d'importantes quantités d'eau de pluie. En plus, la pente naturelle du terrain permettait un drainage des eaux de ruissellement vers les points les plus bas. Inondation à Dalifort, c'était impossible. L'homme a encore agi. Il a encore modifié son environnement. Des actions volontaires et incontrôlées ont fini par créer une nouvelle situation. Les opérations de remblaiement avec des gravats ont pour effet la réduction de l'enlisement des voitures, à certains endroits des rues du quartier. Elles finissent par se généraliser. L'émergence de bâtiments en dur a accentué le phénomène de bouleversement de la nature et fini de compacter le sol. S'il y a eu un regret chez les populations, dans le processus de réalisation du projet de restructuration, aujourd'hui, c'est sans doute d'avoir relégué au second plan l'assainissement de la localité. Un assainissement qui inclut eaux pluviales et eaux usées.

Plus il y avait des investissements, plus le coût de remboursement de la parcelle augmentait. Les populations brandissaient la pauvreté comme prétexte face aux charges engendrées par la restructuration. Elles se préoccupaient de la réduction du taux de remboursement de la parcelle.

La transparence dans la mise en œuvre des différentes composantes du projet avait créé un climat de confiance entre les populations et l'administration. Sur la base de l'accumulation des expériences, les gouvernements du Sénégal et de la République fédérale d'Allemagne ont trouvé les bons interlocuteurs pour une nouvelle expérience de lutte contre les occupations irrégulières et la régularisation foncière conformément aux engagements de la conférence d'Istanbul. Une étape qui constituerait les premiers jalons de politique de l'habitat social.

Il serait fastidieux de vouloir revenir sur tout le processus de l'exécution du projet. Cependant, quelques étapes et faits sont choisis en guise d'illustration. Ceux qui seraient intéressés par des informations sur des points précis pourraient prendre contact avec la communauté, la fondation Droit à la ville, ENDA Tiers Monde, la Direction de l'Urbanisme ou les écoles, comme l'École Nationale d'Économie Appliquée, l'École Nationale des Éducateurs et Assistants Sociaux, l'École Nationale de Développement Social et Sanitaire..., qui y ont mené avec leurs étudiants des rapports de thèses, de mémoires ou des stages de terrain.

La politique de restructuration et de régularisation foncière s'était déroulée en trois phases.

- La première était une **phase test**. Il fallait trouver des zones pour tester les outils. Dans la même phase, on identifiait d'autres milieux qui ne présentaient pas les mêmes caractéristiques. Sur le plan foncier, Dalifort était implanté sur des terrains appartenant à l'État et à des privés.
- La seconde phase du projet est dite **phase d'élargissement**. Il est question de trouver des zones, sur le plan urbanistique, différentes de Dalifort. Ces nouvelles zones se trouvent être Arafat, Ainoumady et Sam-Sam. Dans le même ordre d'idées, il est aussi nécessaire de sortir de Dakar. Ce qui justifie le choix de Tangory, dans le département de Bignona, le quartier de Pikine à Saint-Louis et celui de Khouma à Richard-Toll.
- Les résultats concluants, avant la fin de la phase pilote, et l'affinement des stratégies d'élargissement, ont conduit à la troisième phase. Elle est celle de l'élaboration de la **politique nationale de restructuration** et de **l'organisation du Fonds de Restructuration et de Régularisation Foncière** (FORREF), en 1991 (décret n° 91-748).

Le financement des opérations de restructuration et de régularisation foncière des quartiers non lotis est l'objet du projet de décret n° 91-595, instituant un fonds de restructuration et de régularisation foncière ouvert dans les livres d'une banque désignée par le ministre chargé de l'Urbanisme.

Il s'agit en particulier, devant l'ampleur des besoins financiers nécessaires pour faire face à l'aménagement des quartiers spontanés, d'éviter de dépenser à fonds perdu les ressources utilisées pour la mise en œuvre du projet pilote de Dalifort. Le fonds est une ligne de crédit, dont les ressources proviennent :

- des communes intéressées par les opérations de rénovation urbaine ;

- des populations jusqu'à concurrence de leur obligation de contribution aux charges d'aménagement du quartier ;
- de tout autre bailleur de fonds privé ou public ;
- de la subvention annuelle de l'État.

L'État participe au financement des opérations de rénovation urbaine par le versement dans le FORREF des sommes perçues au titre de la concession de droits de superficie, à l'exclusion des droits de timbre, d'enregistrement et de publicité foncière.

Les ressources du FORREF servent au financement de toutes les opérations de restructuration foncière, notamment de l'expropriation pour cause d'utilité publique, du lotissement, de la réalisation d'infrastructures au service du développement communautaire, de la promotion de petites activités économiques dans les zones de rénovation urbaine.

Le FORREF permettra enfin, avec la délivrance de titres d'occupation régulière dans les zones d'habitat spontané, d'intensifier l'auto-construction et l'amélioration de l'habitat, en facilitant ainsi la gestion urbaine et la collecte de l'impôt foncier, notamment par le truchement du cadastre fiscal.

Telle est l'économie du projet de décret n° 91-595 présenté à monsieur le président de la République, pour signature.

Dans une perpétuelle recherche de stratégies pouvant faciliter l'exécution de la politique nationale de restructuration, les suggestions avaient recommandé et approuvé la mise en place d'une structure autonome pouvant permettre à l'État de contourner les lourdeurs administratives. Vu le caractère social du projet, une fondation serait la meilleure formule.

Il est reconnu, par tous les experts nationaux et internationaux en sociologie, économie, planification, etc., que la communauté dalifortoise a prouvé être une grande école. Ils ont tous certifié, dans leurs conclusions, que des « analphabètes » ont donné un nouveau sens au concept de développement communautaire.

Les rencontres entre les membres des différentes Commissions, issues de la communauté et des spécialistes venus de l'administration où des universités, se déroulaient dans une atmosphère d'écoute mutuelle. Elles ont lieu loin des murs, des chaises et des tables bien rangées des structures académiques. Elles se tiennent dans une baraque avec une ambiance informelle. Le respect des opinions guidait les débats de proximité. Toutes les barrières de supériorités « intellectuelles » sont brisées. Le climat de confiance a permis d'aboutir aux résultats qui sont repris ailleurs. Les hôtes avaient le choix entre les chaises, les nattes ou les banquettes que leur offrait le Comité d'accueil.

La satisfaction des résultats ne leur donnait pas le droit de prétendre à la perfection du projet.

Une œuvre aussi grandiose qu'un projet de restructuration de l'habitat spontané et de régularisation foncière ne peut pas, à lui seul, résoudre tous les problèmes liés à une bonne gestion du cadre de vie. La victoire est au compte de la maîtrise d'éléments indispensables à sa réalisation. Pour sa duplication, telle que programmée par l'État, il est nécessaire de disposer d'un concept de base, d'un modèle de restructuration et de régularisation foncière et d'une institution de gestion. Les ajustements et adaptations à appliquer seront variables et dépendent du milieu d'application. L'aspiration à un modèle type de restructuration et de régularisation foncière est un processus et un défi pour plusieurs générations.

L'importance, en termes financiers, des opérations, a poussé les populations de Dalifort à opter pour des priorités planifiées, modestes, réalisables en peu de temps et peu coûteuses. Voilà l'une des raisons pour lesquelles l'application du plan de lotissement est fondée sur la base d'une configuration existante. Les normes d'aménagement sont fixées en fonction du revenu des populations. Les ouvrages lourds, comme le bitumage de la voirie, le drainage des eaux usées et pluviales, les remblayages des cuvettes…, sont considérés insupportables par les populations. Le concours de l'État et des partenaires était sollicité.

Toutes les couches de la population avaient contribué, directement ou indirectement, pleinement et harmonieusement, aux processus de mise en œuvre du projet. De la conception à la réalisation, en passant par les réunions de concertation, d'information, les séminaires…, la communauté n'avait ménagé aucun effort pour valoriser son expérience. La nouvelle approche du coopérant, consistant à être à côté des populations, avait renforcé l'implication directe des hommes et des femmes, des jeunes et des vieux. La complicité entre les acteurs a permis une appropriation des résultats. La conscience collective était unanime sur le fait que la réussite du projet engendrerait la fin de leurs inquiétudes qui se solderaient par la garantie d'un toit pour la génération future. Ce sera le résultat de leur aventure citadine.

La volonté de réussir le projet ne se retrouve pas seulement chez les populations. La réussite est aussi un challenge pour les Allemands (GTZ) et pour le gouvernement sénégalais (DUA). La recherche de résultat est à la base du rapprochement tripartite, de même que l'ouverture des bureaux de travail dans le périmètre du projet. La volonté des autorités de détacher le personnel technique est une autre source de motivation pour les bénéficiaires. Le dialogue direct a été déterminant dans les prises de décisions urgentes. L'engagement des concernés a permis de mettre en place une passerelle de concertation avec les grands experts de l'urbanisme ou administratifs pour gérer l'espace afin de faire de Dalifort une zone où il ferait bon vivre.

Le gouvernement du Sénégal, en choisissant d'appliquer la politique de restructuration de l'habitat spontané, cherche à améliorer l'environnement urbain, à sécuriser la réserve foncière, à faire participer les populations concernées, à recouvrer les coûts d'aménagement, à intervenir le moins possible dans l'aménagement des quartiers…

Le manque de « formation », qui fut de tout temps brandi par les « intellectuels » comme facteur de sous-développement, ne s'est pas vérifié à Dalifort. L'histoire de l'introduction de l'eau potable, de la construction de la case de santé, de l'école et des autres lieux de culte est une preuve de leur engagement pour une autosuffisance. Une belle manière de contribuer aux efforts de développement national. L'auto-prise en charge, à une époque où l'on croyait qu'il revenait à l'État d'investir, de gérer et de défendre les affaires de la cité, était chose rare. L'influence de la communauté pour défendre l'intérêt général a fait parler d'elle sur le territoire national et sur le plan international. Tout se fait pour tous et par tous.

En toute logique, en 1988, l'histoire du quartier prend une troisième forme. Il subit de nouvelles mutations dans sa configuration locale et environnementale. En élaborant le plan d'urbanisation du secteur, le cadastre réalisait, du coup, le plan global de tout ce qui est, aujourd'hui, la commune d'arrondissement. Le plan a favorisé l'installation de cités planifiées qui cohabitent avec les indésirables d'hier. La cohabitation n'a pas été des plus faciles.

À Dalifort les portes sont encore ouvertes aux autres parents ou amis chassés de la campagne par les phénomènes naturels. Ils sont les bienvenus pour partager l'abri du frère, du père ou de l'oncle. Malgré la vie dure, décriée sous tous les toits, le partage et la défense de l'idée du bien commun sont toujours bien réels. L'utilisation du terme

« promiscuité », pour cette communauté, est tout à fait le contraire du sens étymologique du mot. Cette promiscuité est un facteur de solidarité. Les termes « concentration humaine » sont plus appropriés.

La cohabitation avec des gens « nantis » fut assez éprouvante. Habités par des préjugés, les « enfants errants » du quartier populaire sont qualifiés de dangereux…

Des foyers de tensions éclataient le plus souvent. On s'accusait à tort ou à raison. Les uns considéraient ces enfants comme une progéniture sans surveillance, sans avenir… Les autres voyaient leurs nouveaux voisins comme des intrus… Avec le temps, ils sont arrivés à se découvrir et à avoir des comportements positifs.

La joie de vivre, sans contrainte, de ces centaines d'enfants, qui s'épanouissent tout naturellement dans un milieu qu'ils ont conquis et dompté, est le résultat d'une longue complicité. On ne s'approprie pas des choses qui vous appartiennent déjà. On ne peut pas non plus falsifier l'histoire ou réinventer l'histoire d'une population. Dalifort est un centre de rayonnement et de propagation d'une nouvelle approche dans le domaine de la lutte contre l'occupation illégale de terre et de promotion de l'habitat social. Le gouvernement voulant, à travers cette expérience, régler un problème d'image et de droit, a permis à la communauté de prendre conscience de sa force et de ses aspirations.

Il n'y a pas eu une évaluation de fin de parcours pour confirmer officiellement que le projet a été une réussite. Cependant, durant le déroulement des activités du projet, il y a eu des évaluations de mi-étape. Les échos, à travers le monde, ont été favorables et ont valu des visites d'experts pour partager avec les populations leur expérience. La configuration visuelle du quartier a changé. Aujourd'hui, il y a environ quatre-vingt-dix-huit pour cent de constructions en dur contre le même pourcentage de baraquements, il y a dix ans…

Par contre, des points négatifs sont à décliner. La position stratégique de Dalifort en est un élément fondamental. Des propriétaires à faibles revenus ont cédé à la pression pécuniaire. Ils ont monnayé leurs titres de propriété pour retourner au village ou se payer une autre parcelle dans la périphérie de la banlieue de la région de Dakar. L'esprit de sacrifice et de solidarité, avec la nouvelle génération, s'effrite.

Dalifort n'a pas déçu. Il a confirmé les espoirs placés en lui. Encore un défi relevé au moment où le même processus, repris ailleurs, se heurte à des blocages. On cherche, en vain, un déclic à Guinaw Rail… L'explication de la différence se trouverait dans le système organisationnel social, de la manière dont les occupants ont acquis leur maison et de la force attribuée aux dirigeants. Pendant les périodes difficiles, les responsables moraux ont imposé la discipline, la tolérance et le soutien mutuel. En un mot, l'unité, pour traduire l'adage qui dit : « **l'union fait la force** ». Ceci a donné un sens véritable à leur existence. Oui, mais à Dalifort, « **Tous pour tout** » est une valeur absolue. Durant l'occupation des lieux, la communauté avait privilégié et encouragé la construction et l'équipement collectifs.

La mise en œuvre du projet, ainsi que toutes les expériences qui en ont résulté, sont incontestablement un patrimoine de toute une communauté. Plusieurs personnes, à travers des Commissions, se sont données volontairement et bénévolement, sans réserve, pour cueillir, aujourd'hui, les fruits de leur abnégation. C'est tout le sens du respect que se vouent les uns et les autres. Ils ont capitalisé le sens éducatif de la somme de toutes les expériences étalées à la face du monde. Les ressources humaines ont été pressées de bâtir et de concrétiser leurs rêves.

Elles se suffisent de la satisfaction morale pendant que d'autres se glorifient des résultats positifs apparents. Ces derniers s'érigent en experts de la restructuration et de la régularisation foncière. Ils parcourent le monde pour une vulgarisation des résultats qui piétinent ailleurs. La reprise d'une formule partagée n'est pas chose aisée en l'absence de l'une des parties.

L'équilibre social, les relations de bon voisinage et le partage des mêmes émotions ont constitué une force incontournable dont la mesure n'est pas encore circonscrite. La force de la communauté serait à la fois spirituelle et politique. Elle a pris conscience, très tôt, de ces dimensions, mais éprouvait assez de limites dans la maîtrise de la technique occidentale.

Les leaders communautaires puisent leur force dans la culture spirituelle. Il faut reprendre les moralités de la religion pour les greffer dans la modernité. Puiser dans les valeurs spirituelles pour faire vivre les enjeux du monde moderne, c'est à ce niveau que la recherche de la science devient un principe fondamental.

Le message à retenir à travers le processus de restructuration, sans risquer de se tromper, et par-delà les divergences politiques, ethniques ou religieuses, est de s'accorder sur l'essentiel. La mise en valeur de l'existence humaine est plus précieuse. Chaque individu, d'où qu'il vienne, est appelé à se valoriser, à vivre en paix avec lui-même et avec les autres. On se valorise à travers des actions dont on est concepteur. La promotion est assurée par d'autres. La restructuration a permis l'émergence de nouveaux spécialistes des quartiers populaires. Ils ont eu le mérite d'avoir dirigé les ateliers de planification ou d'accompagner le processus en qualité de facilitateur, de techniciens ou de financiers. Leur apport à la réflexion et à l'exécution des décisions est à apprécier. Ils ont traduit les réflexions par écrit, signé les rapports, alors que les populations étaient enregistrées sur une liste de participants.

De nos jours, on continue à ne pas admettre, dans les instances de décision, les « analphabètes » ou ceux qui ne sont pas « instruits ». La reconnaissance comme intellect est uniquement fondée sur l'instruction, sur la maîtrise des langues occidentales. Si la connaissance et l'instruction ne sont pas enrobées de valeurs éthiques, elles ne pourront pas conduire à des actions bénéfiques ni ne pourraient être ajoutées à la vie. La combinaison d'éléments contradictoires permet à un être régulé d'avoir une vie élégante. Tel est le secret que les dirigeants ont promu dans cette communauté émergente. C'est ce qui fit la force des habitants. Ils ont su établir une relation de confiance et de respect dans la différence des origines. Des chevaliers dans la bataille de la dignité humaine ils furent. Ils ont accepté l'inacceptable pour valoriser leurs héritiers. De l'élégance morale, ils en avaient. La rareté fait le prix.

Annexes

OCCUPATION ANARCHIQUE DES TERRES A DAKAR

Le pillage des réserves foncières de Pikine et Thiaroye

Tout le monde semble s'être donné pour devise de construire, dans des zones qui n'ont pas fait l'objet de lotissement. Si l'occupation des terres avait emprunté un circuit légal, personne n'aurait trouvé quelque chose à redire. Mais depuis les nouvelles réformes sur la décentralisation, la gestion des terres se fait sur des bases clientélistes ou pécuniaires, sans permis ni autorisations. Finalement, c'est le cadre de vie qui en pâtit. Reportage...

Dimanche 13 septembre, sur la branche Est de l'autoroute, en face du Technopole. L'espace ressemble à un chantier qui n'a rien à voir avec le nouveau site d'accueil. Des tronçonneuses, des camions de sable et des voitures forment une rangée dans une chaussée qui s'enfonce à l'intérieur des quartiers de Dalifort. Tous les matins, des ouvriers, des maçons, des menuisiers, à peu près une trentaine, s'affairent, pelle, marteaux et enclumes à la main, pour transformer cette zone réputée infréquentable dans le passé.

Il y a quelques années, la moindre précipitation provoquait des giboulées, des mares d'eau dans lesquelles les enfants du quartier venaient se baigner en toute quiétude, dans une ambiance bon enfant, à l'abri des regards indiscrets, dans cette zone abandonnée située à l'entrée de Pikine, entre l'autoroute et la route de Yarakh. Aujourd'hui l'eau s'est tarie, il n y a plus de mares, plus de giboulées qui envahissent la zone maraîchère, excepté quelques coins isolés, toujours exposées aux caprices de l'hivernage. Aucune trace de champs qui s'étendaient à perte de vue.

La culture maraîchère a aussi disparu des lieux. Certains des anciens exploitants ont été déguerpis, sans dédommagements. D'autres plus chanceux ont cédé leur terrain à des prix abordables. Car ici, on vend des parcelles de terrain tous les jours, à des prix abordables qui défient toute concurrence. La rumeur à laquelle personne n'a voulu croire au début, s'est vite répandue dans les quartiers.

Elle a vite attiré les courtiers dans les lieux, à Dalifort, à Thiaroye-Sur-Mer, à Malika et à Mbao. Et cela fait leur affaire.

Ainsi que l'explique Modou Diouf, un courtier demeurant à Malika, *"on peut obtenir une parcelle de terre, à moins de 200.000 F Cfa. Cela dépend des lieux où vous voulez construire"*.

On construit tous les jours à un rythme effarant.

L'inflation qui fait le bonheur des courtiers échappe au contrôle des services de l'urbanisme du département de Pikine emprunte un *"circuit informel"*. On désigne du doigt des conseillers municipaux, de responsables politiques, de conseillers techniques

Comme si on s'était donné le mot, tout le monde s'est rué dans les réserves foncières. Le service de l'urbanisme du département de Pikine parle ainsi de *"pression foncière"*. On construit sans autorisation d'occupation, sans le moindre plan de lotissements, dans des conditions qui frisent souvent l'anarchie t l'illégalité. Plus d'une centaine de maisons sont concernées. La majeur partie d'entre elles sont toujours en construction dans une zone qui couvre plus de 8 Ha, à Dalifort, à Keur Massar et dans le village traditionnel de Mbao. D'autres sont déjà terminées et sont en ce moment habitées par leur propriétaire.

"Dans toute cette partie, aucune maison n'a fait l'objet d'une procédure légale d'habitation. On ne peut pas se lever un beau jour et construire n'importe où et n'importe comment. Il y a des règles à respecter, à savoir passer par le domaine, les cadastres et le service d'hygiène. Cela n'a pas été le cas. Leurs propriétaires ont construit pour rien, parce que toutes ces maisons vont être démolies ," souligne le directeur des services techniques de la ville de Pikine

La branche Est de Dalifort n'est pas la seule concernée. Un peu plus loin, à l'entrée de Pikine, derrière l'église, là où il était prévu la construction d'un échangeur par le Conseil exécutif des transports urbains de Dakar (Cetud), des cantines sont installées le long de la voie publique. Depuis lors, des négociations sont en cours entre la Cetud et les populations mais elles risquent de ne déboucher sur aucune solution, comme c'est le cas, dans ces situations d'occupation anarchique.

A Guinaw-Rail et à Thiaroye-Sur-Mer, le système de canalisation a *"sauté"*. La voie qu'il devrait emprunter est en ce moment envahi par des maisons. Aucune localité n'est aujourd'hui épargnée. A Mbao, Malika, Yeumbeul, Thiaroye-Sur-Mer et Guinaw-Rail, personne n'arrive plus à maîtriser l'anarchie.

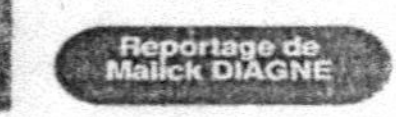

Ni permis d'occuper, ni plan de lotissement

Dès l'arrivée de l'hivernage, la plupart des maisons de Guinaw-Rail, de Dalifort deviennent des voies de passage d'eau. Dans toutes ces localités, le réseau d'assainissement n'est plus fonctionnel, les égouts sont bouchés et les chemins de drainage inexistants. En fait, toutes ces zones traversées par des cuvettes n'ont fait l'objet d'aucun lotissement, ni d'autorisation d'occuper. Le service de anarchique. *"Dans certains milieux, on ne peut même pas parler d'habitat, puisque c'est une juxtaposition indécente de maisons qui n'ouvre aucune perspective viable et pour les populations et pour les services de l'urbanisme"* , indique-t-on dans un rapport paru en 1995. Selon les dernières statistiques du ministère de l'Urbanisme, 20% des maisons occupées dans le département le sont à titre

Démolitions de maisons

Les dessous politico-financiers

Des raisons de sécurité et de fluidité de la circulation ont été invoquées pour expliquer les démolitions de maisons intervenues ces dernières années. Mais derrière ces raisons, se cachent des dessous politico-financiers.

Parmi les scandales fonciers qui ont marqué ces dernières années, on note les démolitions d'immeubles ordonnées par les autorités. Des démolitions qui ont entraîné la perte d'importants investissements et qui pour le plupart ne sont motivées que par des règlements de compte politico-financiers. C'est le cas notamment des démolitions de bâtiments de la Sicap édifiés sur la Vdn. Si les autorités ont avancé diverses raisons pour expliquer ces actes, tout porte à croire que cela a des soubassements politiques. C'est du moins le sentiment du Dg de la Sicap Assane Diagne qui déclarait que ces démolitions avaient tout l'air d'un règlement de compte puisqu'il n'a jamais été en bons termes avec certains responsables de son parti, le Ps, notamment le 1er secrétaire Ousmane Tanor Dieng. Selon des sources proches de la Direction de la Sicap, *"des responsables socialis-* qui ont fait perdre d'importants financements à l'une des sociétés nationales qui se portent le mieux.

Le cas qui a le plus alimenté les conversations est sans conteste, celle de Dalifort. On se rappelle que dans la nuit du 12 février 1999, des bulldozers avaient rasé une partie des bâtiments édifiés sur le site avant de les achever le 19 du même mois. Ce qui a, à l'époque défrayé la chronique étant donné que les propriétaires des bâtiments démolies étaient détenteurs de titres fonciers en bonne et due forme. Ainsi peut-on se demander ce qui peut bien expliquer ces démolitions ? Pourquoi a-t-on laissé les populations achever leurs constructions avant de les déloger manu militari ? Que cachait tout cela ? Autant de questions que se posent bon nombre de Sénégalais. De l'avis des vendeurs de parcelles, toutes les garanties ont été prises avant de procéder à la vente. Selon Baitir Mbaye, "nous

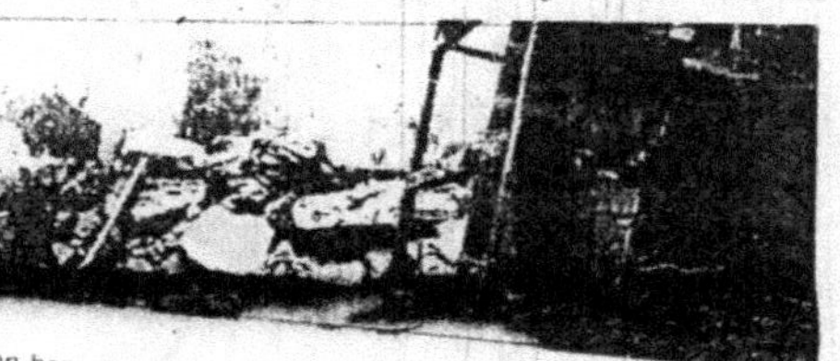

la somme de 74.000 Frs pour chaque parcelle, (50.000 Frs pour les frais de bornage, versés à la mairie de Dalifort et 8.000 Frs puis 16.000 Frs pour l'autorisation de construction). Ce qui porte à croire que les autorités ont donné leur accord pour la construction d'habitats sur ce site. En plus de ces formalités accomplies, les propriétaires ont octroyé un quota de parcelles à la mairie d'arrondissement de Dalifort, à l'Urbanisme ainsi qu'au Domaine mais aussi au Gouverneur de Dakar, Yandé Touré. Mais les *"Fallène"* ne se sont pas arrêtés là car dans le souci de tout mettre au point, ils ont rencontré à trois reprises le ministre de l'Urbanisme de l'époque Abdourahmane Sow afin d'accélérer le processus de régularisation des terrains. A l'issue de leur dernière rencontre, celle du 11 février 1993, Abdourahame Sow aurait promis de régler le problème dans les plus brefs délais.

Au sortir de leur troisième audience avec le ministre de l'Urbanisme, les propriétaires de parcelles avaient la mine radieuse. Normal car ils venaient enfin d'obtenir des promesses fermes de régularisation des terrains. Mais la surprise sera grande lorsqu'ils verront débarquer le lendemain, des bulldozers qui sont [illegible] une partie des [illegible] *de tout détruire"*. Interrogé sur la provenance des 400.000 Frs, M. Mbaye déclare que cette somme constitue le reliquat de l'argent provenant de la vente des terrains octroyés à Yandé Touré (les terrains ont été vendus à 4.000.000 Frs et les 3.600.000 Frs déjà versés à Yandé Touré). Ainsi selon M. Mbaye [illegible]

gouvernement parle d'audit, cette affaire devrait être tirée au clair car ce sont quelque 748 parcelles qui ont été détruites et un investissement d'environ 1 milliard de francs qui s'est volatilisé. Les limiers de la Dic qui ont déjà pris en charge le dossier devraient dans les prochains jours tirer cette affaire au clair. Déjà, le *"député du peuple"*, Iba Der Thiam, a promis de se battre jusqu'à la dernière énergie afin que *"ces populations qui ont investi des millions soient dédommagés car ce n'est pas juste de détruire un investissement aussi important"*. *Le leader de la Cdp estime que* "les maisons ont été construites au vu et au su de tout le monde et personne n'a réagi". *"C'est un scandale* estime-t-il, *et il faudrait mettre fin à ces pratiques"*.

Landing DIEME

le redressement de la liste des attributaires (où pratiquement les autorités gouvernementales dakaroises se taillaient la part du lion) pour parvenir aujourd'hui à une situation d'accalmie précaire.

Le phénomène, devenu un secret de polichinelle s'est très vite répandu au Sénégal. Partout ce sont les hautes autorités en accord avec les nouveaux élus qui ont initié ces projets et se sont octroyé de larges quotas aux dépends des populations. Comment sur une liste de 137 attributaires, l'on peut parvenir à seulement 41 lettres d'attribution au profit des populations tandis que *96 autres sont partagés entre les* services techniques de l'État, l'administration centrale, les chefs de la sécurité publique et les notabilités d'autres institutions ? Il s'agit d'un cas connu dans la banlieue dakaroise et qui n'est qu'un exemple parmi tant d'autres qu'il ne sera pas fastidieux d'énumérer un jour.

Amadou Khar GUEYE

Attribution des parcelles

Les brebis galeuses

On ne sait trop si c'est par coïncidence ou par concours de circonstances que les litiges fonciers ont gagné de l'ampleur avec l'application de la loi 96-07 du 22 mars 1996 relative au transfert de compétences aux régions, aux communes et aux communautés rurales. **Mais il est certain que les Présidents de Communauté rurale ainsi que les maires qui disposent de réserves foncières dans leurs espace géographique font l'objet de beaucoup de controverses dans leur méthode de gestion des terres.** Dans l'esprit du transfert de compétences aux collectivités locales, il ressort à la lecture de l'article 8 de la loi que les maires sont habilités à recevoir les demandes de parcelles de terrains issues des lotissements régulièrement approuvés. Seulement, [illegible] commission est soumis à l'approbation du préfet. Il faut noter l'omniprésence du receveur des domaines qui représente l'État dans tout le processus. En définitive, la décision de la commission d'attribution des parcelles doit être approuvée par le gouverneur de la région concernée. Donc a priori, **si la procédure légale est respectée, il ne peut être question de vice de forme dans les mécanismes d'attributions de parcelles. Seulement des brebis galeuses, il y en a dans nombre de commissions.** Les *"profitards"* sont recensés à tous les niveaux même si les scandales n'éclaboussent en priorité que les maires et les présidents de communauté rurale. Souvent, alors que les autres membres des commissions d'attribution de parcelles à usage d'habitation pas-

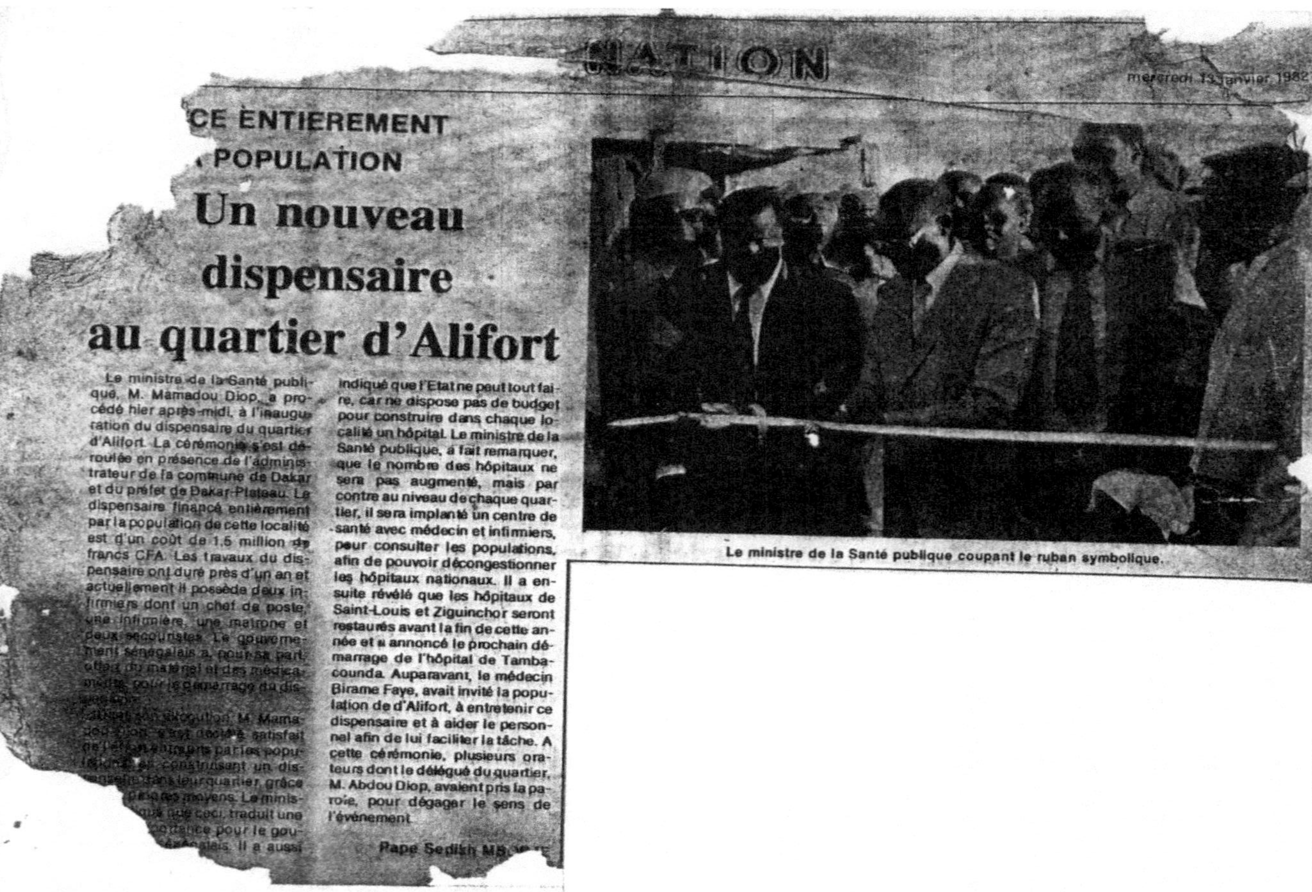

NATION

mercredi 13 janvier 1982

CE ENTIÈREMENT
POPULATION

Un nouveau dispensaire au quartier d'Alifort

Le ministre de la Santé publique, M. Mamadou Diop, a procédé hier après-midi, à l'inauguration du dispensaire du quartier d'Alifort. La cérémonie s'est déroulée en présence de l'administrateur de la commune de Dakar et du préfet de Dakar-Plateau. Le dispensaire financé entièrement par la population de cette localité est d'un coût de 1,5 million de francs CFA. Les travaux du dispensaire ont duré près d'un an et actuellement il possède deux infirmiers dont un chef de poste, une infirmière, une matrone et deux secouristes. Le gouvernement sénégalais a, pour sa part, offert du matériel et des médicaments pour le démarrage du dispensaire.

[illegible] son allocution, M. Mamadou Diop s'est déclaré satisfait de l'effort [illegible] par les populations en construisant un dispensaire dans leur quartier grâce [illegible] propres moyens. Le ministre [illegible] que ceci traduit une [illegible]portance pour le gouvernement sénégalais. Il a aussi indiqué que l'Etat ne peut tout faire, car ne dispose pas de budget pour construire dans chaque localité un hôpital. Le ministre de la Santé publique, a fait remarquer, que le nombre des hôpitaux ne sera pas augmenté, mais par contre au niveau de chaque quartier, il sera implanté un centre de santé avec médecin et infirmiers, pour consulter les populations, afin de pouvoir décongestionner les hôpitaux nationaux. Il a ensuite révélé que les hôpitaux de Saint-Louis et Ziguinchor seront restaurés avant la fin de cette année et a annoncé le prochain démarrage de l'hôpital de Tambacounda. Auparavant, le médecin Birame Faye, avait invité la population de d'Alifort, à entretenir ce dispensaire et à aider le personnel afin de lui faciliter la tâche. A cette cérémonie, plusieurs orateurs dont le délégué du quartier, M. Abdou Diop, avaient pris la parole, pour dégager le sens de l'événement.

Pape Sedikh MB[illegible]

Le ministre de la Santé publique coupant le ruban symbolique.

... à la case départ

"Si on n'y prend pas garde, le département sera invivable dans les prochaines années ". Ce jugement de Mouassa Samb ingénieur recoupe les inquiétudes de certains habitants avertis qui se posent encore des questions sur le gâchis et l'anarchie qui continuent de caractériser le département, dans la gestion des réserves foncières.

Naguère considérée comme une cité dortoir abritant essentiellement des travailleurs de la capitale qui n'avaient pas la possibilité d'accéder à un logement au centre-ville, la ville de Pikine est pour les techniciens de l'Urbanisme l'exemple achevé de ce qu'il ne faut pas faire en matière d'urbanisme. La croissance d'une collectivité forte de plus de 800.000 habitants ne s'est pas faite sans incidence sur la vie des populations et sur l'environnement.

Pourtant, les premières générations de Pikinois avaient pour le moins rempli leur contrat social. Planté sans façon sur un terrain broussailleux, partagé entre des montagnes de sable qu'on avait négligé de terrasser, des vallées et des marécages jamais comblés, ils avaient réussi, avec leurs épargnes d'ouvriers, à bâtir progressivement en dur les premiers baraquement posés à l'époque à même le sol. Leurs fils, devenus cadres, expatriés ou simple bana-bana, sont venus édifier les premières maisons à étages qui étouffent aujourd'hui entre l'engloutissement des sables et l'assaut des constructions spontanées.

Aujourd'hui, le désordres est tel que : *"le premier réflexe des nouvelles générations, c'est de trouver un toit sans se soucier de l'environnement ni du cadre de vie. Il s'y ajoute une totale impunité de la part de ceux qui ont un droit de regard sur la marche de la collectivité. Les autorités municipales ont une responsabilité dans la façon dont les réserves foncières sont utilisées"*, explique Mamadou Ndiaye, technicien de l'Urbanisme.

Le découpage et l'érection des villes de Pikine et Guédiawaye en plusieurs mairies d'arrondissement a beaucoup contribué à l'anarchie. Dès le début de l'application des nouvelles réformes sur la décentralisation, des conflits opposent les mairies d'arrondissement à la mairie de la ville d'une part, et à leur tutelle administrative d'autre part. Avec les interprétations fantaisistes des lois, chacune campe sur ces positions. *"La quête perpétuelle de ressources pousse les communes d'arrondissement à s'investir dans ces genres de créneau pour rallonger leur budget, alors que la gestion des ressources foncières ne relève pas de leur compétence. Avec ces interprétations abusives, nous allons tout droit vers l'anarchie ,"* avertit le Directeur des Services techniques de la ville de Pikine, qui pointe ainsi un regard accusateur sur les mairies d'arrondissement. Ces dernières renvoient la balle à leur tutelle et s'interrogent sur les motivations des accusations dont elles font l'objet. Pour l'équipe municipale de la commune d'arrondissement de Dalifort : *"les accusations sont mal fondées, puisque toutes les procédures sont respectées. Les constructions se font en accord avec les populations"*.

Toujours est-il que les populations ne comprennent plus rien à ce jeu et assistent impuissantes à la dilapidation des ressources foncières et à la dégradation de leur cadre de vie.

... tible de déguerpissement. Si les problèmes ne revêtent pas les mêmes aspects selon ces localités, il va de soi que la plupart des maisons qui se situent dans ces quartiers font l'objet d'occupation ... tantes. Aujourd'hui, certains projets comme la construction d'une route reliant Guédiawaye à Thiaroye risquent de ne plus voir le jour, à cause de la saturation de l'espace.

Sud Quotidien
N°1632 Jeudi 17 Septembre 1998 - 7

PORTR[illegible]

Depuis plus de quatre ans à la tête d'un [illegible] difficile, cet homme d'autorité a une hantis[illegible] devienne l'affaire de tous les Sén[illegible]

Mamadou Dic[illegible] ou le gendarme deve[illegible]

Jean-Paul Guetny

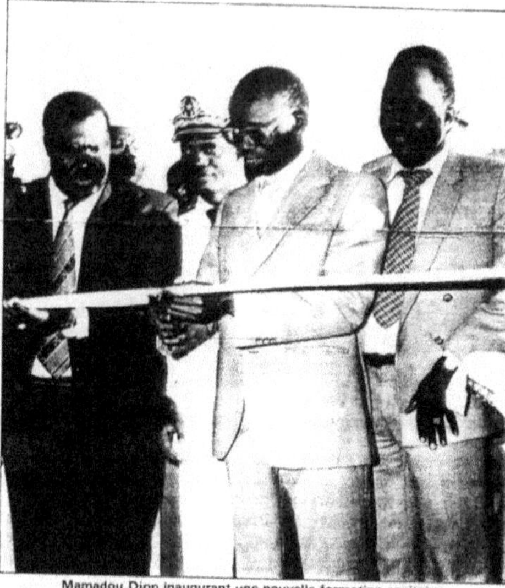

Mamadou Diop inaugurant une nouvelle formation sanitaire.
« J'ai aimé tout ce que j'ai fait. »

Kandé Ndiaye

Au Sénégal, disait-on, si l'on vous nomme ministre de la Santé, c'est un cadeau empoisonné qu'on vous fait. Vous risquez de rester en poste de six à huit mois. Ensuite, on vous priera gentiment de quitter le gouvernement.

Quand Mamadou Diop abandonne l'important ministère des Travaux publics, de l'Urbanisme et des Transports pour celui de la Santé, il n'a nulle raison particulière de se réjouir. Pourtant, m'explique quelqu'un qui le connaît bien, alors que ses prédécesseurs avaient perdu le moral en recevant le « maroquin pourri », Mamadou Diop, lui, aborde sa nouvelle tâche avec un enthousiasme qui fait plaisir à voir. Naïveté ou conscience de sa propre valeur ? Le ministre ne semble dépourvu ni de l'un ni de l'autre. Mais l'optimisme d'alors s'explique par un goût prononcé du challenge : tout le monde m'enterre ; je vais montrer, moi, que je ne suis pas, sur le plan gouvernemental, en sursis.

Mamadou Diop prend possession, en mars 1978, de son vaste bureau au deuxième étage du building administratif à Dakar. Cinq ans après, il l'occupe toujours. Les députés de l'Assemblée nationale lui ont décerné un satisfecit ; les bailleurs d'aide étrangers, des brevets de crédibilité. [illegible] représentants [illegible] grands la[illegible] toires, qu'il [illegible] coutume de [illegible] ger — il lui est arrivé d'interdire des visas pour des produits qui, du jour au lendemain, avaient subi des augmentations de 200 % —, le distinguent parmi ses collègues qui assurent la même fonction dans d'autres pays africains. Et la 35e Assemblée mondiale de la santé (Genève, mai 1982) a rendu hommage à son expérience en le choisissant comme président. Même si cela « coince » un peu du côté des médecins, le concert de louanges ajouté à la longévité ministérielle a quelque chose de troublant. Mamadou Diop aurait-il réussi ?

Rien ne prédisposait cet homme à qui le front dégarni et d'épaisses lunettes noires donnent des allures d'intellectuel à être le « monsieur Santé » du Sénégal. Ce Dakarois né en 1936, marié, père de six enfants, trois garçons et trois filles, n'a pas

36 JEUNE AFRIQUE – N° 1127 – 11 AOUT 1982

STRATEGIE

REPUBLIQUE DU SENEGAL
MINISTERE DE l'URBANISME ET DE L'HABITAT
DIRECTION DE L'URBANISME ET DE L'ARCHITECTURE
gtz Coopération Technique Allemande
B.P. 2100 - Bd ROOSEVELT - DAKAR SENEGAL
TEL. 23.91.23 / 22.89.02 / 22.32.04 - FAX 22.93.15

RESTRUCTURATION DE

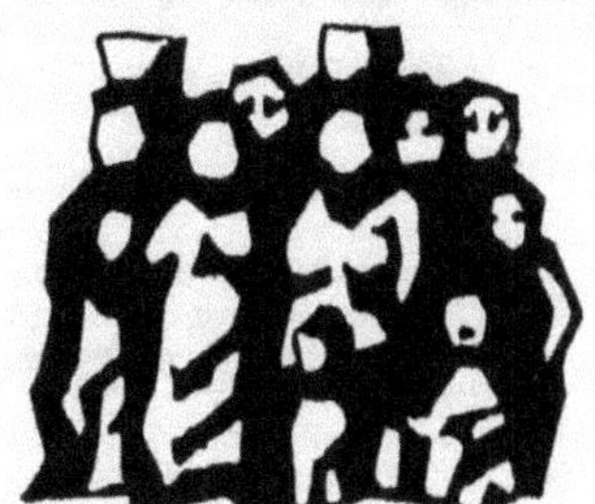

L'HABITAT SPONTANE

La première politique des autorités pour limiter le développement des quartiers spontanés consistait à déguerpir les installations irrégulières. Toutefois, face aux difficultés économiques et sociales engendrées par le démantèlement des quartiers spontanés, l'Etat finit par abandonner la politique du "Bulldozer".

C'est dans ce contexte que débuta le projet pilote de "Restructuration de l'Habitat Spontané".

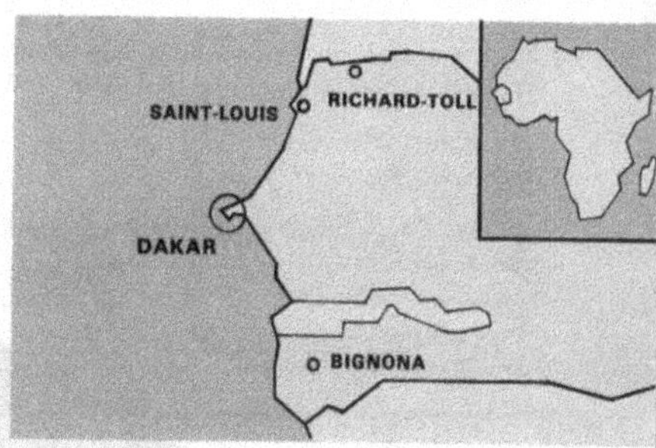

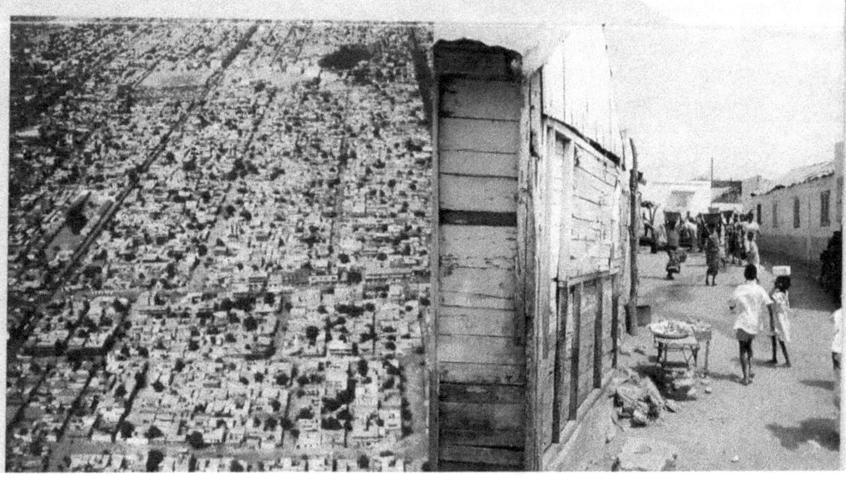

STRATEGIE

Le Gouvernement du Sénégal applique dans ses villes, depuis 1991, une nouvelle politique de **"Restructuration de l'Habitat Spontané"** basée sur les principes suivants :

- **l'amélioration de l'environnement urbain ;**
- **l'accès à la sécurité foncière ;**
- **la participation des populations concernées ;**
- **le recouvrement des coûts ;**
- **une intervention minimale dans l'aménagement des quartiers.**

Cette nouvelle politique est le résultat de larges concertations engagées depuis 1987 entre représentants de la population d'un quartier de la périphérie de Dakar et l'administration, dans le cadre du **"Projet pilote de Dalifort".**

AMELIORATION DE L'ENVIRONNEMENT

L'urbanisation accélérée et incontrôlée a provoqué l'occupation de zones impropres à l'habitat, entraînant une détérioration rapide de l'environnement. Les dépôts sauvages d'ordures, l'absence de réseaux d'assainissement collectif ou individuel adaptés ont eu comme conséquences : la **pollution** de la nappe phréatique et la destruction de l'équilibre d'un milieu naturel particulièrement fragile. Cette pollution menace surtout les quartiers dépourvus d'un réseau d'adduction d'eau et qui, de ce fait, s'alimentent directement dans la nappe.

La protection de l'environnement devient, dès lors, la priorité, notamment dans ses aspects santé et assainissement.

Une contribution à l'échelle du quartier à restructurer est recherchée sous diverses formes pour la mise en place de systèmes visant :

- la fourniture d'eau potable aux populations ;
- au ramassage et au traitement local des ordures ménagères ;
- au déplacement et au relogement des populations installées dans les zones impropres à l'habitat ;
- à la protection de la nappe phréatique par une amélioration de l'assainissement ;
- à l'aménagement d'espaces verts et/ou sportifs.

SECURITE FONCIERE

Parce qu'elle garantit aux irréguliers l'accès à la légalité, donc à la sécurité, la régularisation foncière est le moteur de toute participation populaire à l'amélioration du cadre de vie urbain.

La régularisation foncière a été rendue possible grâce à un décret déclarant d'utilité publique l'opération et rendant cessibles les terrains, au profit des résidents.

Autant la peur du déguerpissement freine l'investissement privé dans un habitat durable, autant la sécurité foncière l'encourage.
En créant ce cadre de sécurité, l'Etat laisse aux populations la responsabilité de la construction de leurs logements et les motive à s'engager, à tous les niveaux, dans les programmes de restructuration...

PARTICIPATION

Les populations, par le biais de leurs représentants, participent impérativement à toutes les étapes du processus d'amélioration de leur cadre de vie : la planification, l'exécution et le financement.

Dans l'esprit comme dans la mise en œuvre de la nouvelle politique de restructuration de l'habitat spontané, la planification des aménagements cesse d'être un secret. Même les populations non scolarisées parviennent à planifier grâce aux instruments didactiques conçus avec elles et testés avec succès dans plusieurs quartiers.

UN PROGRAMME

De Dalifort à la mise en place d'une nouvelle politique de Restructuration de l'Habitat Spontané, un programme d'action est actuellement appliqué dans cinq zones sélectionnées. Ces principes sont suffisamment souples pour évoluer selon les spécificités locales.

Ce programme est conforme au cadre institutionnel et financier que constituent **les décrets** signés en 1991.
- 91-748, approuvant et rendant exécutoire les opérations de restructuration et de régularisation foncière dans les zones déclarées de restructuration par le Ministère chargé de l'Urbanisme,
- 91-595, instituant un Fonds de Restructuration et de Régularisation Foncière (FORREF).

Le plan d'opérations peut être divisé en quatre phases.

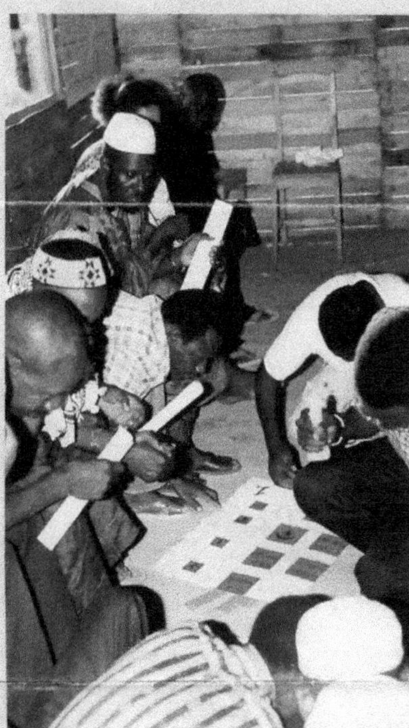

1/ Phase préliminaire
consiste à collecter des données :
- information et recensement des populations ;
- plan d'état des lieux ;
- étude foncière, s'il y a lieu, et autres types d'études techniques (hydrogéologiques par exemple).

2/ Seconde phase
consiste principalement à organiser les populations par :
- vérification des "ayants-droit" ;
- constitution d'associations sous forme de "Groupements d'Intérêts Economiques" (GIE).

3/ Phase de planification
... planification avec les populations : ateliers de planification aboutissant au plan de restructuration ;

... planification technique :
- élaboration du Plan d'Urbanisme de Détail ;
- déclaration d'utilité publique de l'opération de restructuration ;
- approbation du Plan de restructuration par les autorités compétentes ;
- immatriculation des terrains au nom de l'Etat et fixation définitive du prix de la parcelle.

... planification des infrastructures :
- techniques (réseaux et assainissement) ;
- sociales.

4/ Dernière phase
l'exécution de la restructuration :
- délimitation des îlôts et parcelles ;
- opérations de recasement, s'il y a lieu ;
- établissement des dossiers d'attribution.
- réalisation des infrastructures.

"REPLICABILITE" FINANCIERE

Conjoncture et nouvelles données internationales obligent, le Sénégal a tourner le dos à l'ère de l'Etat-providence. Le principe de recouvrement des coûts en matière d'habitat entre dans une stratégie de fin de la gratuité. Pour assurer la "réplicabilité" financière des opérations de restructuration, le Gouvernement a créé en 1991 un **Fonds de Restructuration et de Régularisation Foncière (FORREF)**, domicilié à la Banque de l'Habitat du Sénégal.

Ce fonds est alimenté grâce à la **contribution financière** :
- **... des populations ;**
- **... de l'Etat**, qui cède au fonds ses revenus provenant de la cession des terrains au profit des populations ;
- **... des communes ;**
- **... des bailleurs de fonds.**

RESTRUCTURATION DE

REPUBLIQUE DU SENEGAL MINISTERE DE l'URBANISME ET DE

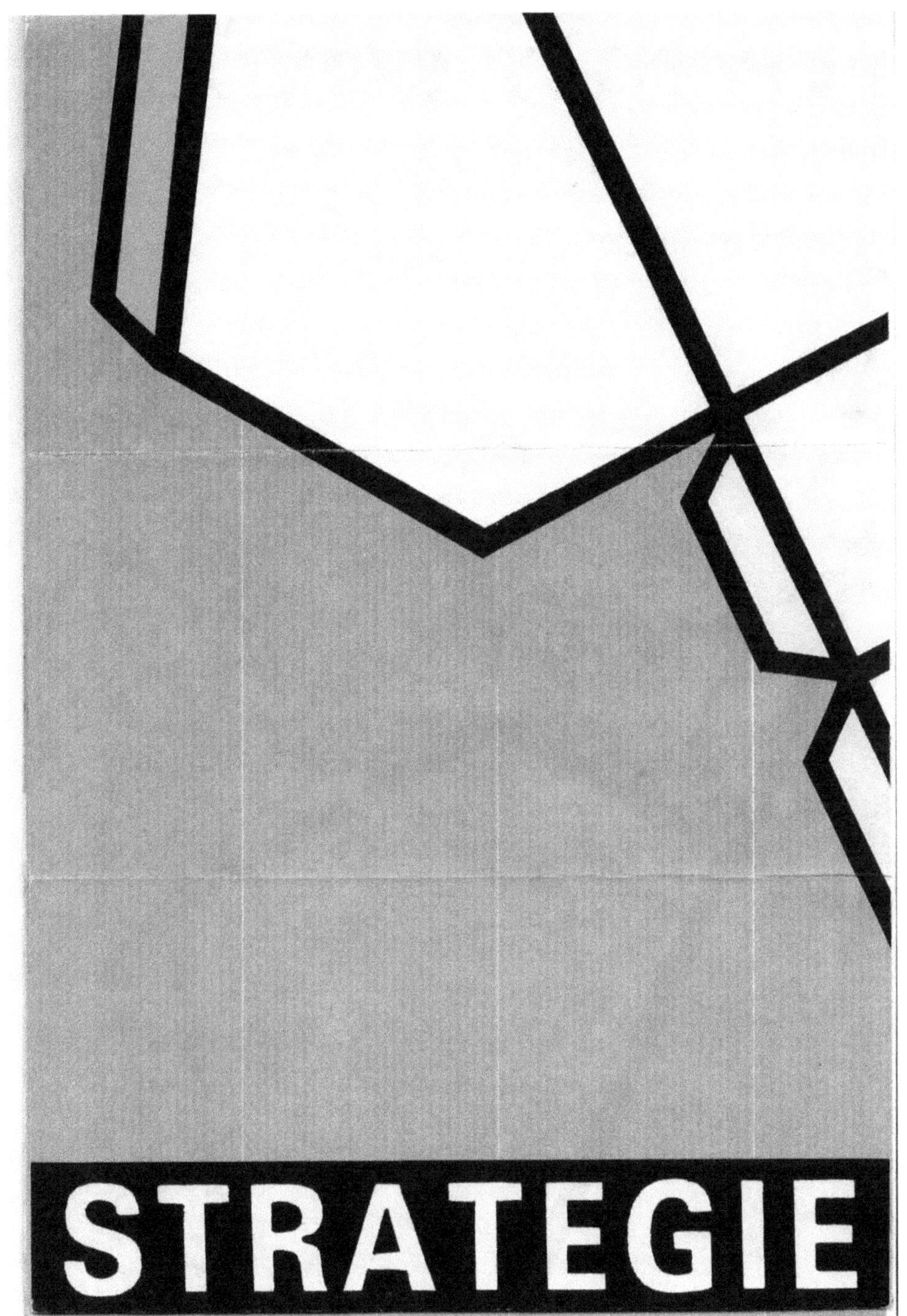
STRATEGIE

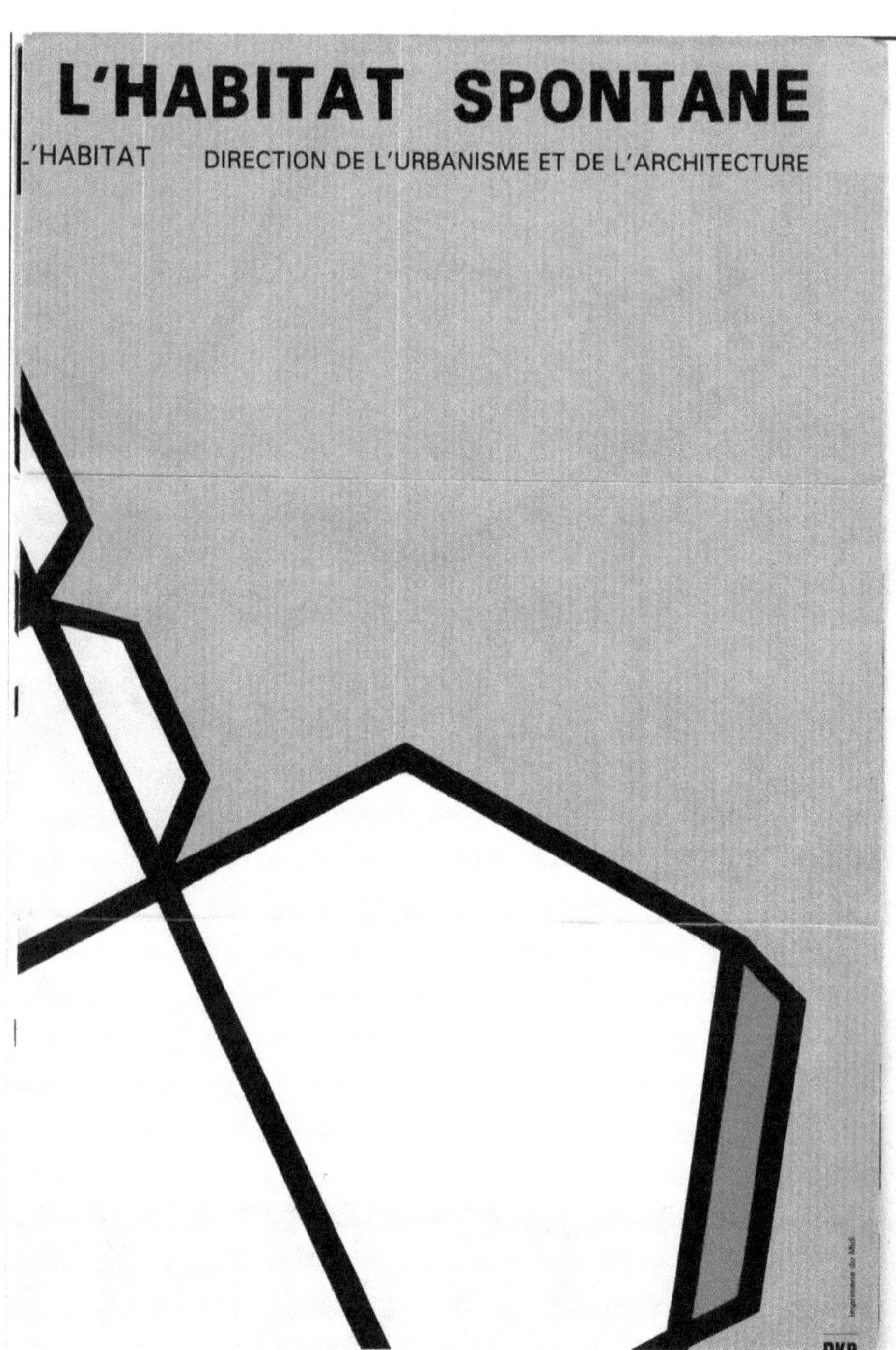
L'HABITAT SPONTANE
L'HABITAT
DIRECTION DE L'URBANISME ET DE L'ARCHITECTURE

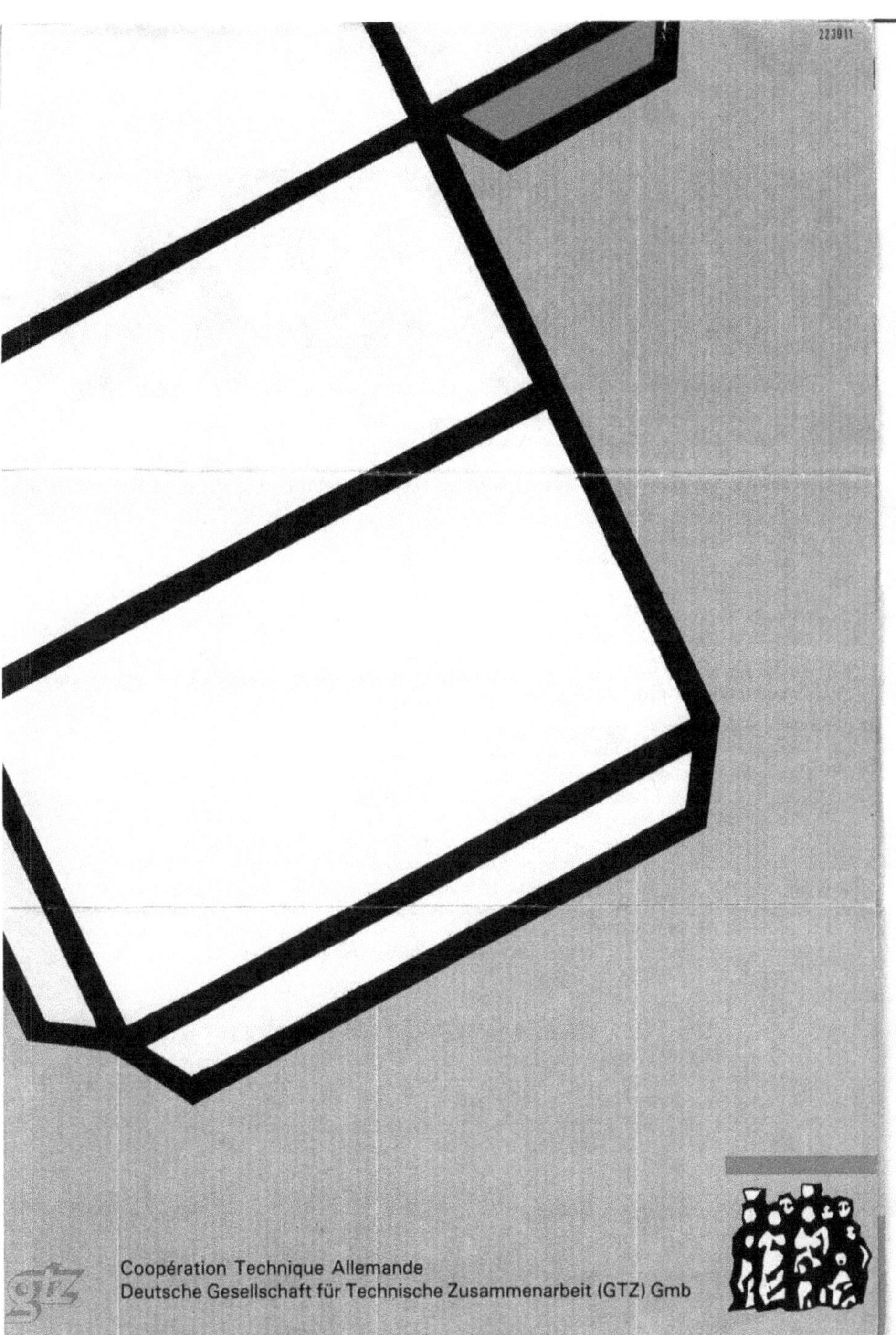
223911
gtz
Coopération Technique Allemande
Deutsche Gesellschaft für Technische Zusammenarbeit (GTZ) Gmb

Les décisions d'aménagement sont prises en commun ; elles tiennent compte des moyens financiers des populations. Celles-ci s'engagent à participer au financement et à l'exécution des options choisies.
Franchies en étroite collaboration avec les techniciens du projet sur le terrain, ces différentes étapes renforcent par leur transparence, le climat de confiance entre l'Administration et les populations.

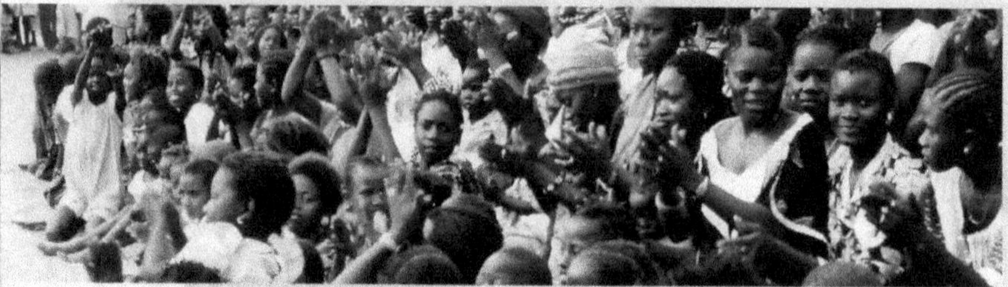

RECOUVREMENT DES COUTS

Le recouvrement est assuré grâce à la participation financière des populations. Cette contribution s'effectue par le paiement des parcelles dont le prix est calculé en fonction :

- d'un barême administratif, fixant le prix du m² de terrain ;
- des frais d'aménagement du quartier ;
- des taxes d'enregistrement.

Les ouvrages de génie civil lourds (voierie primaire, drainage, remblais, ...) ne peuvent cependant pas être pris en charge par les populations. Sont donc sollicitées, les communes et/ou les administrations étatiques.

De leur côté, les futurs bénéficiaires de parcelles s'organisent dans le but de garantir la participation financière de chacun.

INTERVENTION MINIMALE

Un projet de restructuration de l'habitat spontané ne peut, à lui seul, résoudre tous les problèmes liés à une bonne gestion du cadre de vie. L'amélioration de celui-ci est un processus et un **défi** pour plusieurs générations. Considérant l'ampleur du phénomène d'habitat spontané d'une part, et l'implication financière des populations d'autre part, l'intervention dans les zones choisies doit cibler les priorités, être modeste, réalisable en peu de temps et peu coûteuse.
Le respect de ces critères implique un aménagement adapté à la configuration existante. Cet aménagement doit s'affranchir, le cas échéant, des normes d'urbanisme préétablies.
L'intervention dans les quartiers spontanés des villes du Sénégal, correspond à une politique du long terme, s'inscrivant dans un processus d'amélioration progressive du cadre de vie.

"REPLICABILITE" INSTITUTIONNELLE

La mise en œuvre du programme élargi de Restructuration de l'Habitat Spontané n'est possible que si elle est basée sur une décentralisation et une délégation des compétences. Ainsi, trois bureaux de projet sont actuellement installés dans les villes de Dakar et Pikine. A Saint-Louis et à Bignona, des projets sont en cours de préparation. Ces deux dernières localités sont situées respectivement dans les régions nord et sud du pays. La population concernée est estimée à 100.000 habitants.

Les services d'assistance à l'amélioration du cadre de vie sont fournis aux populations dans leur quartier.
Cette délégation implique l'intégration d'autres partenaires tels que : communes, services régionaux de l'administration centrale, organisations non-gouvernementales ou bureaux et entreprises privés.

LE PROJET PILOTE DE
DALIFORT

REPUBLIQUE DU SENEGAL

MINISTERE DE L'URBANISME
ET DE L'HABITAT

DIRECTION DE L'URBANISME
ET DE L'ARCHITECTURE

gtz Coopération Technique Allemande

B.P. 2100 - Bd ROOSEVELT - DAKAR SENEGAL
TEL. 23.91.23 / 22.89.02 / 22.32.04 - FAX 22.93.15

RESTRUCTURATION DE

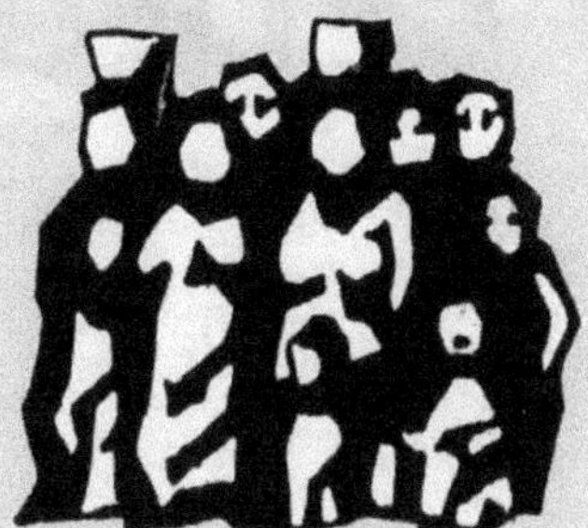

L'HABITAT SPONTANE

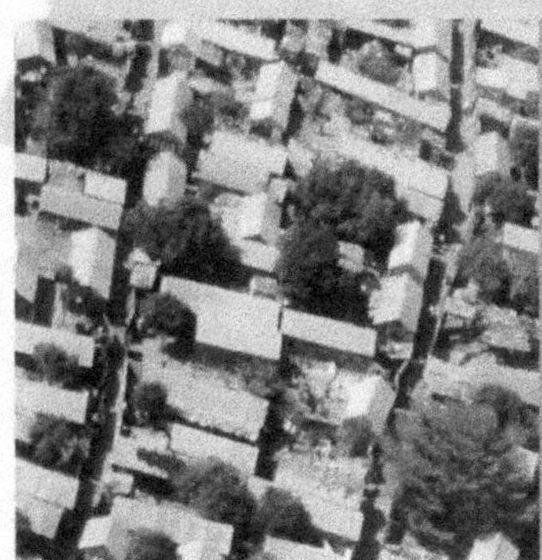

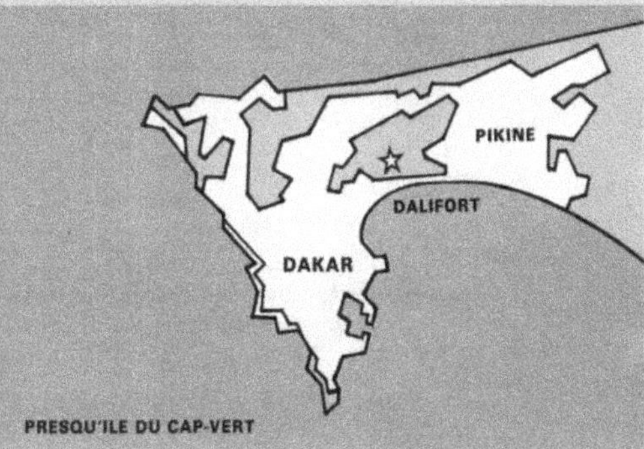

INTERVENTION MINIMALE

Les normes d'aménagement ont été fixées par les représentants des populations eux-mêmes lors des **ateliers de planification**. Ceux-ci ont abouti à la définition des priorités d'intervention :

- ouverture des rues et réalisation de voies en latérite pour les axes principaux ;
- relogement des familles jusqu'alors installées dans une zone d'eau stagnante et remblaiement du bas-fond ;
- réalisation d'un réseau d'eau potable permettant un branchement individuel pour toutes les parcelles ;
- éclairage public ;
- réalisation d'équipements sociaux et sanitaires (extension de l'école, dispensaire, centre social, édicules publics...).

LE PROJET PILOTE DE

DALIFORT

Le Gouvernement du Sénégal applique dans ses villes, depuis 1991, une nouvelle politique de **Restructuration de l'Habitat Spontané** basée sur les principes suivants :

- Amélioration de l'environnement urbain ;
- Accès à la sécurité foncière ;
- Participation des populations concernées ;
- Recouvrement des coûts d'aménagement ;
- Intervention minimale dans l'aménagement des quartiers.

Cette nouvelle politique est le résultat de larges concertations engagées depuis 1987 entre représentants de la population du quartier de Dalifort à Dakar et l'Administration.

Les résultats des expériences dans ce laboratoire sont encourageants.

AMELIORATION DE L'ENVIRONNEMENT

L'urbanisation accélérée et incontrôlée a provoqué une détérioration rapide de l'environnement et l'occupation de zones impropres à l'habitat. Les dépôts sauvages d'ordures, l'absence d'équipement en assainissement collectif ou individuel adaptés ont accéléré la pollution de la nappe phréatique et augmenté les risques de destruction de l'équilibre d'un milieu naturel particulièrement fragile.

Dalifort a servi de champs d'expérimentation à certaines contributions modestes permettant une amélioration non négligeable de l'environnement du quartier.

- **adduction d'eau dans le quartier ;**
- **assainissement individuel et semi collectif ;**
- **ramassage et traitement local des ordures ménagères ;**
- **éducation nutritionnelle auprès des femmes du quartier avec la collaboration du Ministère de la Santé.**

SECURITE FONCIERE

Parce qu'elle garantit aux irréguliers l'accès à la légalité, donc à la sécurité, la régularisation foncière est le moteur de toute participation populaire à l'amélioration du cadre de vie urbain.

A Dalifort, le recensement des habitants du quartier a servi de base à une vérification publique des ayants-droit pour la délivrance future d'un titre de propriété. Sont concernés par la régularisation foncière, les propriétaires de maisons et, dans la mesure du possible, les locataires, selon le principe : **une parcelle pour un chef de ménage**, dans la limite des parcelles disponibles.

L'indemnisation des propriétaires fonciers privés, n'habitant pas le quartier, s'est faite, dans la plupart des cas, sous la forme d'échanges avec d'autres terrains.

PARTICIPATION

Les populations ou leurs représentants participent impérativement à toutes les étapes du pro-

Le plan de restructuration de Dalifort, élaboré par les populations avec l'assistance des techniciens, a été approuvé par le Ministre de l'Urbanisme et de l'Habitat.

Dans le cadre de la mise en œuvre de ce plan, près de 500 baraques ont été déplacées par les habitants eux-mêmes des zones inondées et inaptes à l'habitat vers un site préalablement aménagé. Les voies ont été élargies sur la base du même principe. En outre, certaines familles ont dû être relogées, ce qui a permis la récupération d'espaces pour les équipements communautaires.

L'expérience a néanmoins démontré que les travaux de génie civil doivent être de préférence confiés aux entreprises et aux tâcherons.

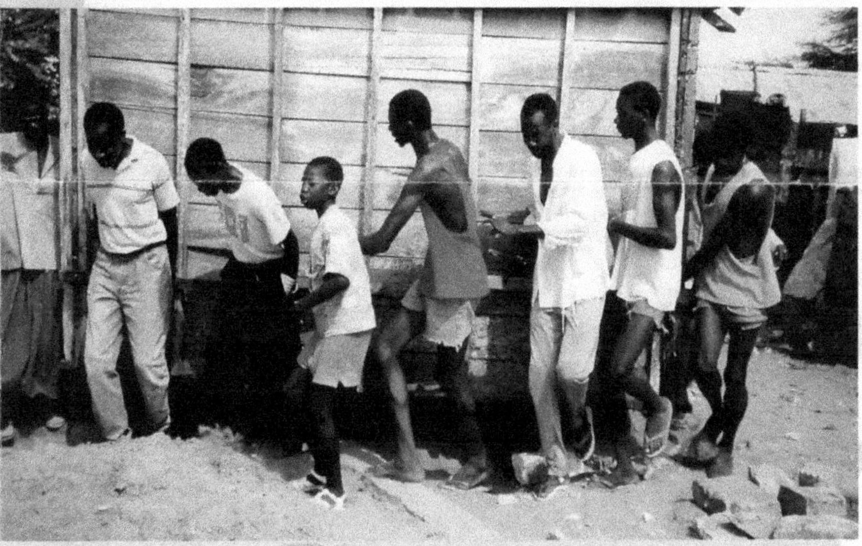

RECOUVREMENT DES COUTS

Le recouvrement est assuré grâce à la participation financière des populations. Cette contribution s'effectue par le paiement des parcelles dont le prix est calculé en fonction :

- d'un barème administratif, fixant le prix du m² de terrain ;
- des frais d'aménagement du quartier ;
- des taxes d'enregistrement.

Chaque futur propriétaire identifié a signé un acte d'engagement préalable pour le paiement du prix de sa parcelle. A Dalifort, le prix du m² a été fixé à un maximum de 3.000 F.CFA. A titre comparatif, on peut signaler qu'à quelques centaines de mètre de là, des terrains aménagés par des privés sont revendus 12.000 F.CFA le mètre carré.

Les futurs bénéficiaires de parcelles se sont organisés en Groupement d'Intérêt Economique (GIE) dans le but de garantir le recouvrement des coûts.

Pour davantage adoucir les conditions de paiement des parcelles, un **système d'épargne et de prêts** est en cours d'expérimentation avec la Banque de l'Habitat du sénégal. A l'heure actuelle (1992), l'engagement financier des membres de l'Association de Dalifort ne permet pas encore une évaluation définitive.

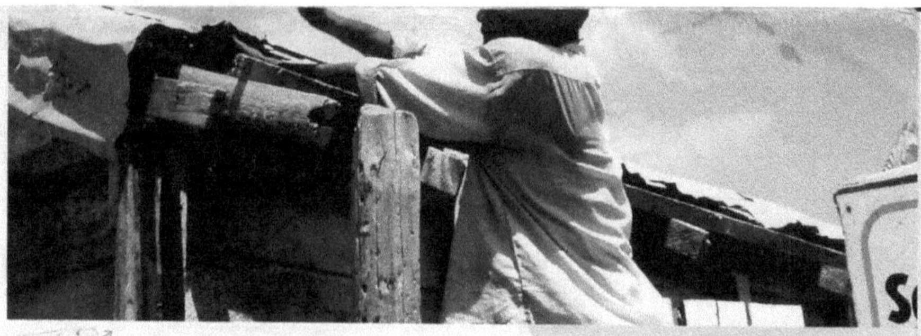

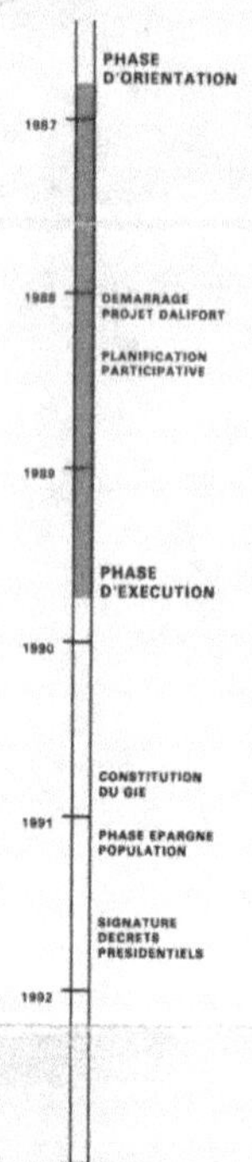

OCTOBRE 1986 MAI 1987

PHASE D'ORIENTATION

Une table ronde hebdomadaire est organisée au sein du Ministère de l'Urbanisme et de l'Habitat, regroupant des agents de la Direction de l'Urbanisme et de l'Architecture, du Service Régional de l'Urbanisme, de la Commune de Dakar et un expert de la GTZ (Coopération technique allemande). Sont aussi représentées : la Direction des Domaines et la Direction du Cadastre (Ministère des Finances).

JANVIER 1988

Le projet pilote de Dalifort démarre.

AVRIL, MAI, JUIN 88

Des ateliers de planification sont tenus régulièrement à Dalifort.
Les jeux de planification permettent d'associer les représentants des habitants à la prise de décision, à la planification et au recouvrement des coûts.

JUILLET, AOUT SEPTEMBRE 1989

Démarrage de l'exécution du plan de restructuration. Une centaine de familles a déménagé des zones inaptes à l'habitat (Bas-fonds, emprise de la ligne à haute tension, etc...) vers une zone d'extension préalablement aménagée. Ont suivi d'autres aménagements : bornage, voirie, adduction d'eau, etc...

SEPTEMBRE 1990

Constitution du GIE (Groupement d'Intérêt Economique).

FEVRIER, MARS 1991

Démarrage de la phase d'épargne.

JUILLET 1991

Signature par le Président de la République du Sénégal du décret 91-748 organisant la procédure d'exécution des opérations de restructuration et de régularisation foncière des quartiers non lotis, dans les limites des zones de rénovation urbaine.

1992 / 1993

Le projet continue...

... EN PLUS DE LA RESTRUCTURATION

Tenant compte des préoccupations des populations, des projets à caractère économique et social ont été testés à Dalifort, notamment la **promotion des micro-entreprises** à travers un fonds de crédit auto-géré par un comité du quartier. Cette expérience a prouvé le fonctionnement de l'autocontrôle social assurant un système de crédit. Toutefois, à moyen et long terme, les prêts de capitaux et leur gestion doivent être l'objet d'un encadrement professionnel ne pouvant être exclusivement assuré par un comité local.

L'amélioration des habitations ne fait pas partie des opérations d'aménagement. A Dalifort, le climat de confiance issu de la sécurité foncière a ouvert la voie aux investissements, par les habitants, dans une construction plus durable.

RESTRUCTURATION DE

REPUBLIQUE DU SENEGAL MINISTERE DE l'URBANISME ET DE

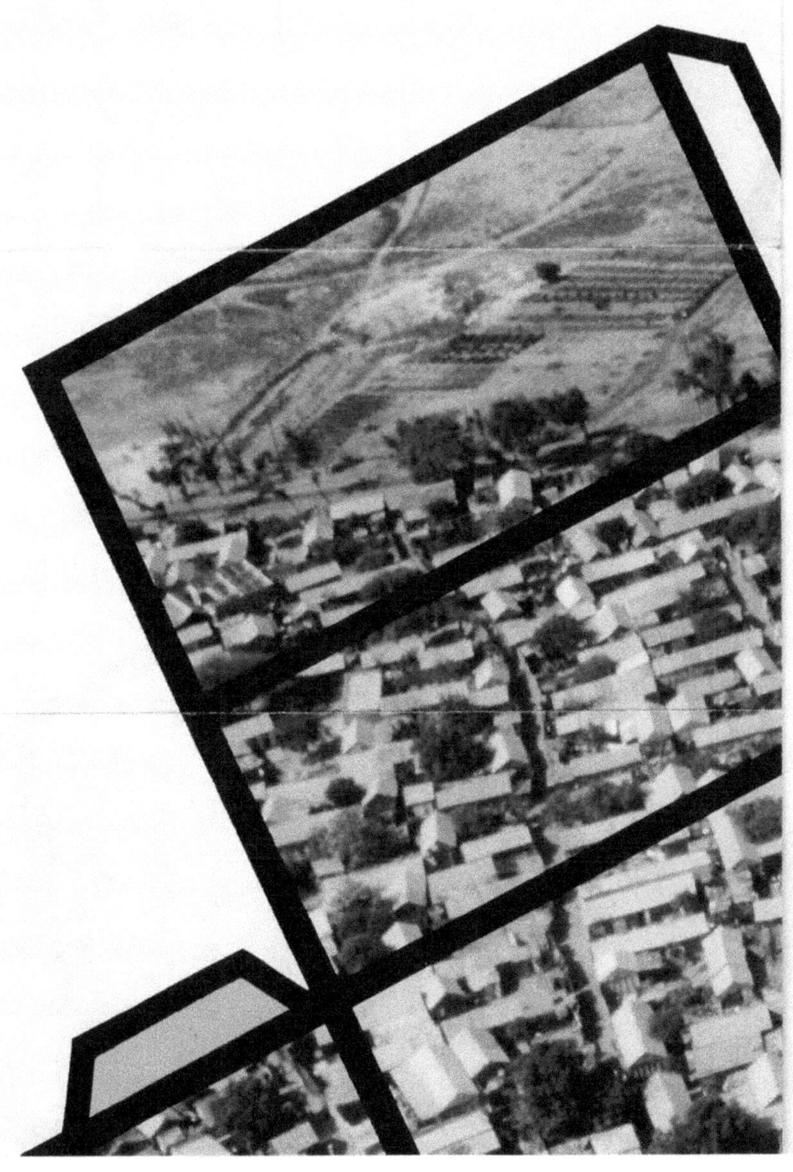

L'HABITAT SPONTANE

L'HABITAT DIRECTION DE L'URBANISME ET DE L'ARCHITECTURE

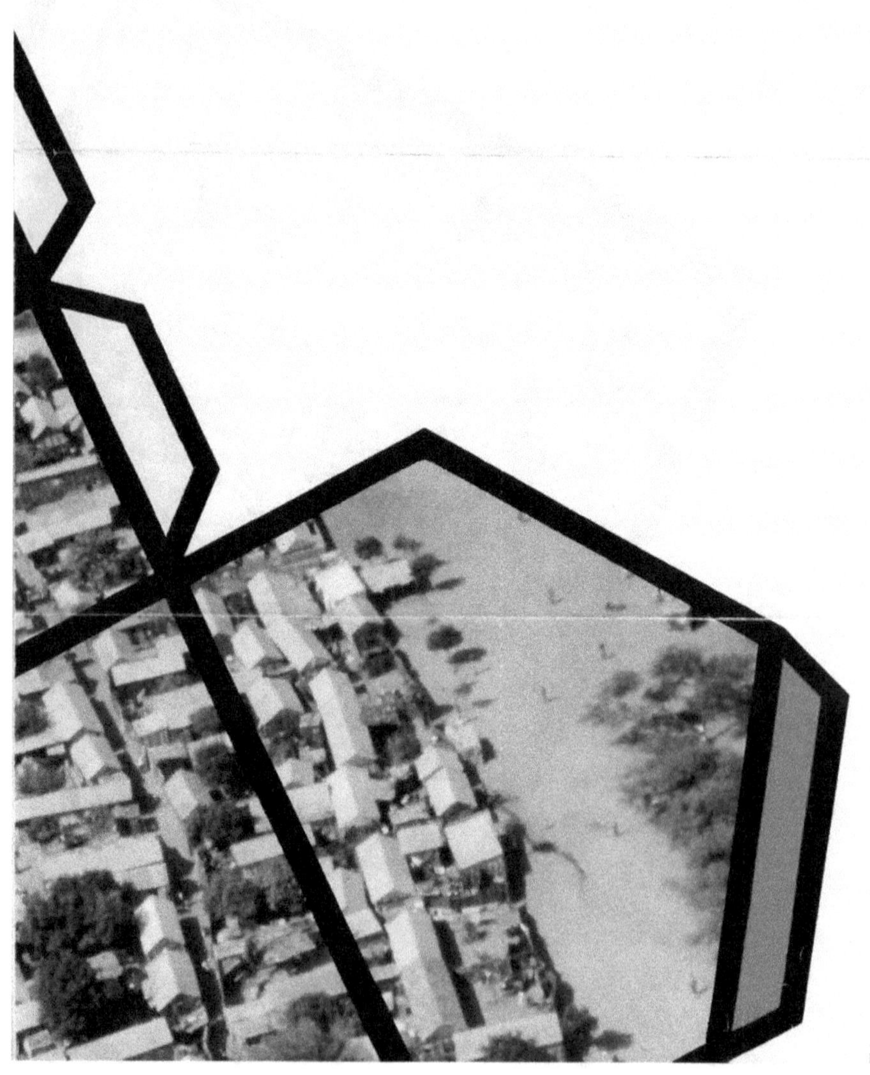

Imprimerie du Midi

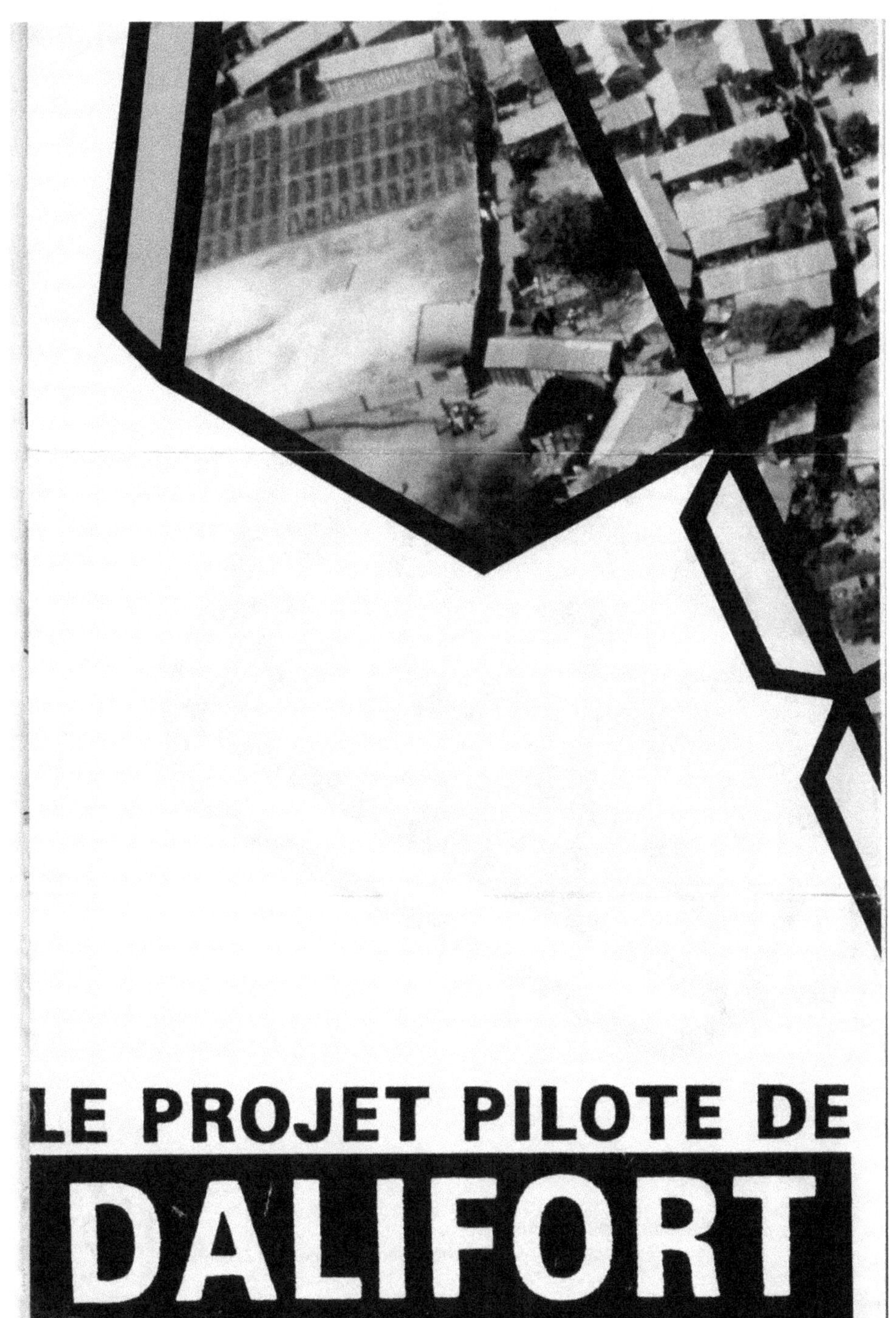
LE PROJET PILOTE DE
DALIFORT

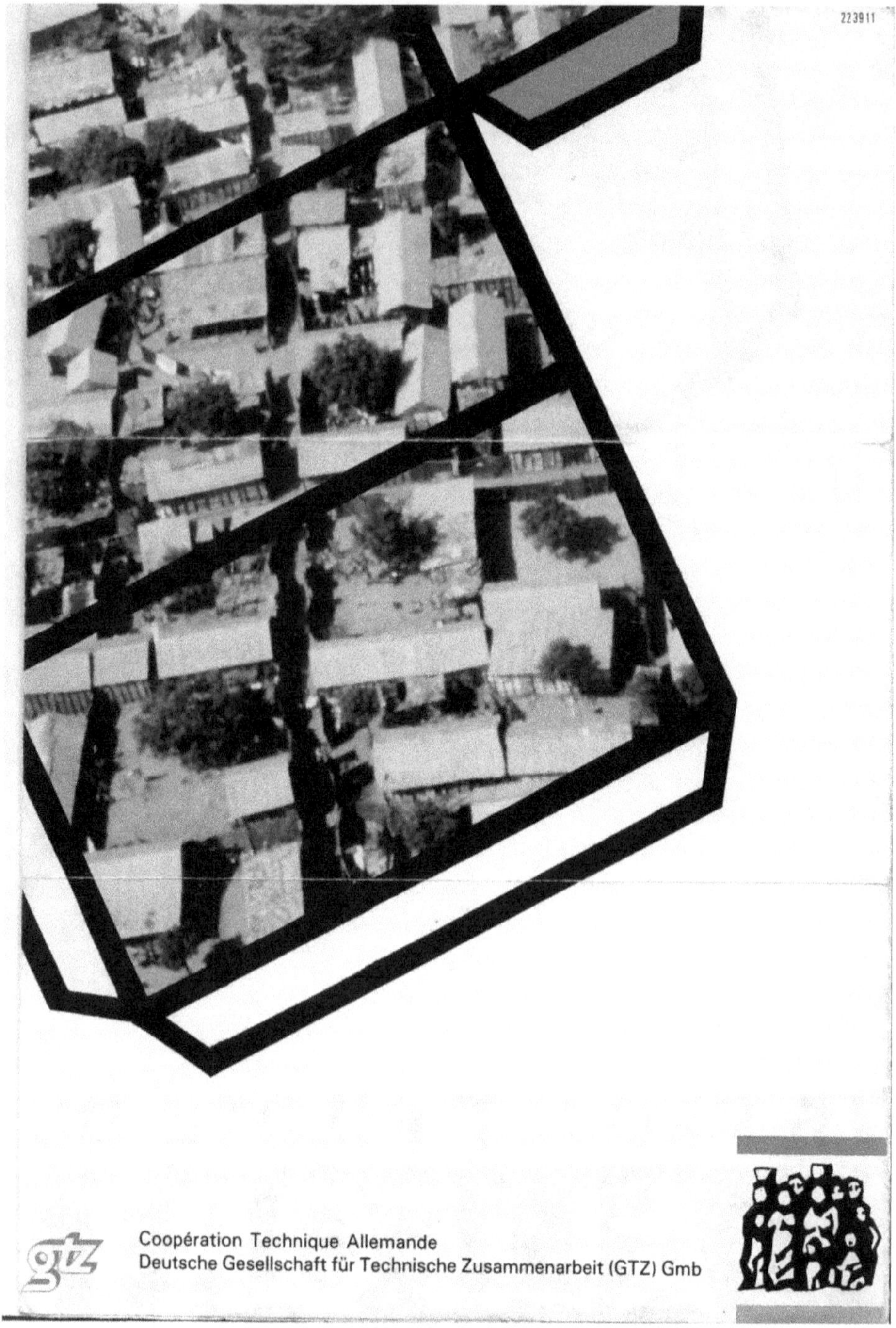

223911

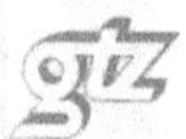

Coopération Technique Allemande
Deutsche Gesellschaft für Technische Zusammenarbeit (GTZ) Gmb

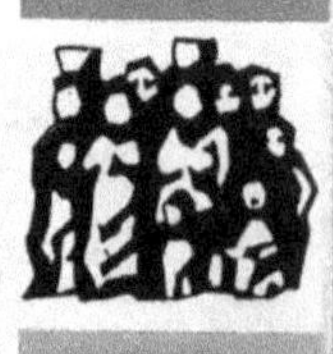

REPUBLIQUE DU SENEGAL
MINISTERE DE L'URBANISME ET DE L'HABITAT
DIRECTION DE L'URBANISME ET DE L'ARCHITECTURE

Restructuration de l'Habitat Spontané

B.P. 2100 - Rue Kléber × Seydou Nourou Tall - Dakar - Sénégal - ☎ 22.89.02 - Téléfax 22.93.15

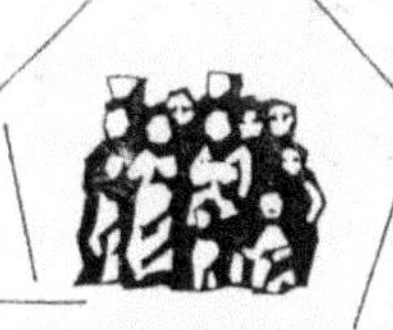

COOPERATION TECHNIQUE
SÉNEGALO-ALLEMANDE
P. Nº 89.2048.0-1.100

Informations sur le projet

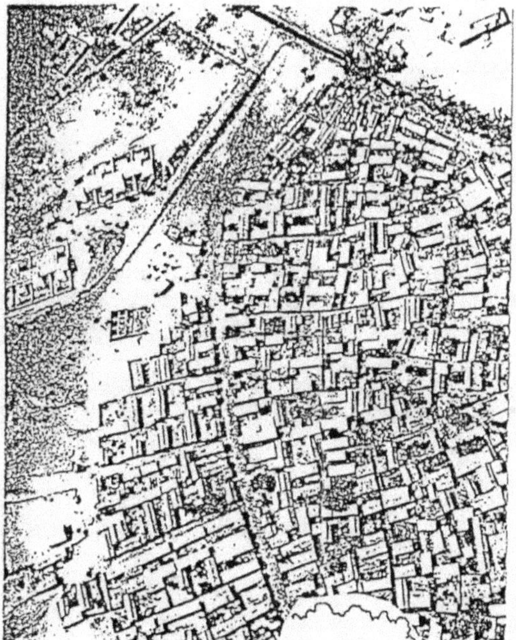

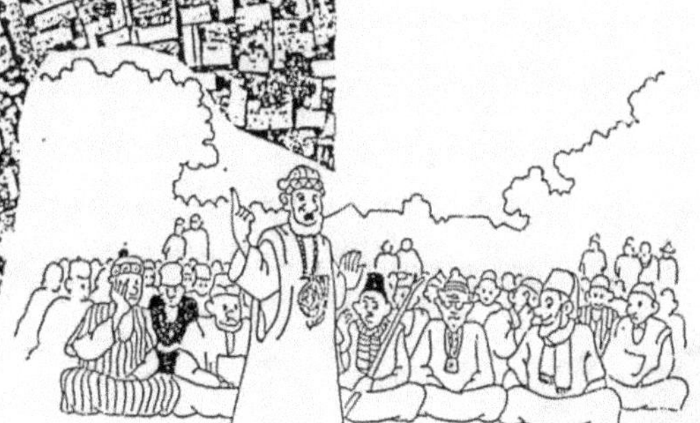

Deu[illegible]llschaft für
Technische Zusammenarbeit
(GTZ) GmbH

Restructuration de l'Habitat Spontané au Sénégal
Le cas de Dalifort et la définition d'une politique

STRATEGIE

Le Gouvernement du Sénégal applique dans ses villes depuis 1991 une nouvelle politique de "RESTRUCTURATION DE L'HABITAT SPONTANE" basée sur les principes suivants :

- Amélioration de l'environnement urbain;
- Accès à la sécurité foncière;
- Participation des populations concernées;
- Recouvrement des coûts d'aménagement;
- Intervention minimale dans l'aménagement des quartiers

LE PROJET PILOTE DE DALIFORT

La nouvelle politique de RESTRUCTURATION DE L'HABITAT SPONTANE est le résultat de larges concertations engagées depuis 1987 entre représentants de la population du quartier DALIFORT (DAKAR) et l'Administration.

Les résultats des expériences dans ce laboratoire sont encourageants :

AMELIORATION DE L'ENVIRONNEMENT URBAIN

L'urbanisation accélérée et incontrolée a provoqué une détérioration rapide de l'environnement et l'occupation de zones impropres à l'habitat. Les dépôts sauvages d'ordures, l'absence d'équipements en assaissement collectif ou individuel adaptés ont accéléré la pollution de la nappe phréatique et augmenté les risques de destruction de l'équilibre d'un milieu naturel particulièrement fragile. Cette pollution menace surtout les quartiers dépourvus d'un réseau d'adduction d'eau et qui, de ce fait s'alimentent directement dans la nappe à partir de puits.

La protection de l'environnnement devient dès lors, la priorité, notamment dans ses aspects santé et assainissement. Une contribution à l'échelle du quartier restructuré est recherchée à travers les activités suivantes :

- fourniture de l'eau potable aux populations;
- ramassage et traitement local des ordures ménagères;
- déplacement et relogement des populations installées dans les zones impropres à l'habitat;
- protection de la nappe phréatique par l'amélioration de l'assainissement;
- aménagement d'espaces verts et/ou sportifs.

DALIFORT a servi de champs d'expérimentation à des contributions modestes et non encore concluantes en vue de l'amélioration de l'environnement du quartier. Une deuxième série de tests est en cours dans la recherche de résultats plus adaptés et plus performants pour :

- l'assainissement individuel et semi collectif;
- le ramassage et le traitement local des ordures ménagères;
- l'éducation nutritionnelle auprès des femmes du quartier avec la collaboration du Ministère de la Santé.

DALIFORT

... EN PLUS DE LA RESTRUCTURATION

Tenant compte des préoccupations des populations, des projets à caractère économique et social ont été testés à Dalifort, notamment la promotion des micro-entreprises à travers un fonds de crédit auto-géré par un comité du quartier. Cette expérience a prouvé le fonctionnement de l'autocontrôle social assurant un système de crédit. Toutefois, à moyen et long terme, les prêts de capitaux et leur gestion doivent être l'objet d'un encadrement professionnel ne pouvant être exclusivement assuré par un comité local.

L'amélioration des habitations ne fait pas partie des opérations d'aménagement. A Dalifort, le climat de confiance issu de la sécurité foncière a ouvert la voie a des investissements effectuées par les habitants dans une construction plus durable.

STRATEGIE

"REPLICABILITE"

"REPLICABILITE" FINANCIERE

Conjoncture et nouvelles données internationales obligent, le principe de recouvrement des coûts en matière d'habitat entre dans une stratégie de fin de la gratuité. Pour assurer la "réplicabilité" financière des opérations de restructuration, le Gouvernement a créé en 1991 un Fonds de Restructuration et de Régularisation Foncière (FORREF), logé à la Banque de l'Habitat du Sénégal, et alimenté grâce à la contribution financière ...

. des populations,
... de l'Etat, qui cède au fonds ses revenus provenant de la cession des terrains au profit des populations,
... des communes et
... des bailleurs de fonds.

"REPLICABILITE" INSTITUTIONNELLE

La mise en oeuvre du programme élargi de restructuration de l'habitat spontané n'est possible que si elle est basée sur une décentralisation et une délégation des compétences. Ainsi, trois bureaux de projet sont actuellement installés dans les villes de Dakar et Pikine. A Bignona et à Saint-Louis, des projets sont en cours de préparation. Ces deux dernières localités sont situées respectivement à l'extrême nord et sud du pays. La population concernée est estimée à 100.000 habitants. Les services d'assistance à l'amélioration du cadre de vie sont fournis aux populations dans leur quartier.

Cette délégation implique l'intégration d'autres partenaires tels que : les communes, services régionaux de l'administration centrale, organisations non gouvernementales, bureaux et entreprises privés

STRATEGIE DALIFORT

SECURITE FONCIERE DES HABITANTS

Parce qu'elle garantit aux irréguliers l'accès à la légalité, donc à la sécurité, la régularisation foncière est le moteur de toute participation populaire à l'amélioration du cadre de vie urbain.

Autant la peur du déguerpissement freine l'investissement privé dans l'habitat durable, autant la sécurité foncière l'encourage.

En créant ce cadre de sécurité, l'Etat laisse aux populations la responsabilité de la construction de logements pour le grand nombre et les motive à s'engager, à tous les niveaux, dans les programmes de restructuration...

A DALIFORT, le recensement des habitants du quartier a servi de base à une vérification publique des ayants-droit pour la délivrance future d'un titre de propriété. Sont concernés par la régularisation foncière les propriétaires de maisons et, dans la mesure du possible, les locataires selon le principe : une parcelle pour un chef de ménage, dans la limite des parcelles disponibles.

La régularisation foncière a été rendue possible grâce à un decret déclarant d'utilité publique l'opération et rendant cessibles les terrains, au profit des résidents. L'indemnisation des propriétaires fonciers privés, n'habitant pas le quartier, s'est faite sous la forme d'échanges avec d'autres terrains, sans soulte.

PARTICIPATION DES POPULATIONS

Les populations ou leurs représentants participent impérativement à toutes les étapes du processus d'amélioration de leur cadre de vie : la planification, l'exécution et le financement.

Dans l'esprit comme dans la mise en oeuvre de la nouvelle politique de restructuration de l'habitat spontané, la planification des aménagements cesse d'être un secret. Même les populations non scolarisées parviennent à planifier grâce aux instruments didactiques conçus avec elles et testés avec succès dans plusieurs quartiers.

Les décisions d'aménagement sont prises en commun; elles tiennent compte des moyens financiers des populations. Celles-ci s'engagent à participer au financement et à l'exécution des options choisies.

Franchies en étroite collaboration avec les techniciens du projet, ces différentes étapes renforcent du fait de la transparence qui les caractérise, le climat de confiance entre les populations et l'Administration.

Le plan de restructuration de DALIFORT, élaboré par les populations avec l'assistance des techniciens, a été approuvé par le Ministre de l'Urbanisme et de l'Habitat.

Dans le cadre de la mise en oeuvre de ce plan, près de 500 baraques ont été déplacées par les habitants eux-mêmes, des zones inondées et inaptes à l'habitat vers un site préalablement aménagé. Les voies ont été élargies sur base du même principe. En outre, certaines familles ont du être relogées, permettant la récupération d'espaces pour les équipements communautaires.

L'expérience a néanmoins démontré que les travaux de génie civil doivent être de préférence confiés aux entreprises et aux tâcherons.

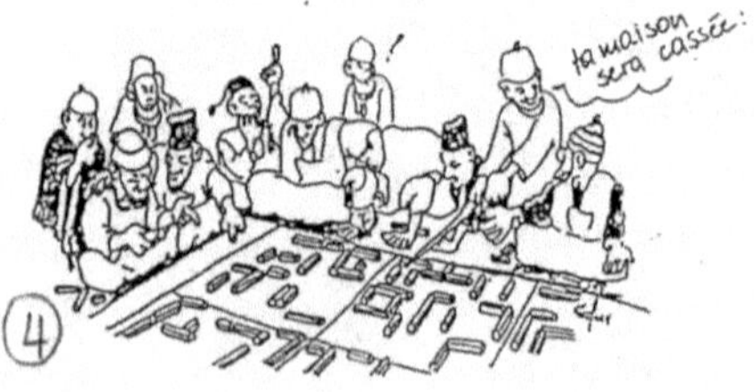

STRATEGIE DALIFORT

RECOUVREMENT DES COUTS

Le recouvrement est assuré grâce à la participation financière des populations. Cette contribution s'effectue par le payement des parcelles dont le prix est calculé en fonction :

* d'un barême administratif, fixant le prix du m² de terrain;
* des frais d'aménagement du quartier;
  des frais d'enregistrement.

Les ouvrages lourds de génie civil (voirie primaire, drainage, remblais, ...) ne peuvent pas cependant être pris en charge par les populations. Les communes et/ou les administrations étatiques sont donc sollicités pour leur mise en oeuvre.

De leur côté, les futurs bénéficiaires de parcelles s'organisent dans le but de garantir la participation financière de chaque membre.

Chaque futur propriétaire identifié a signé un acte d'engagement préalable pour le payement du prix de sa parcelle. A DALIFORT, le prix du m² a été fixé à un maximum de 3.000 FCFA. A titre comparatif, on peut signaler qu'à quelques centaines de mètre de là, des terrains aménagés par des privés sont revendus 12.000 FCFA le mètre carré.

Les futurs bénéficiaires de parcelles se sont organisés en Groupement d'Intérêt Economique (GIE) dans le but de garantir le recouvrement des coûts.

Pour davantage adoucir les conditions de paiement des parcelles, un système d'épargne et de prêts est en cours d'expérimentation avec la Banque de l'Habitat du Sénégal. A l'heure actuelle (début 1992), l'engagement financier des membres de l'Association de DALIFORT ne permet pas encore une évaluation définitive.

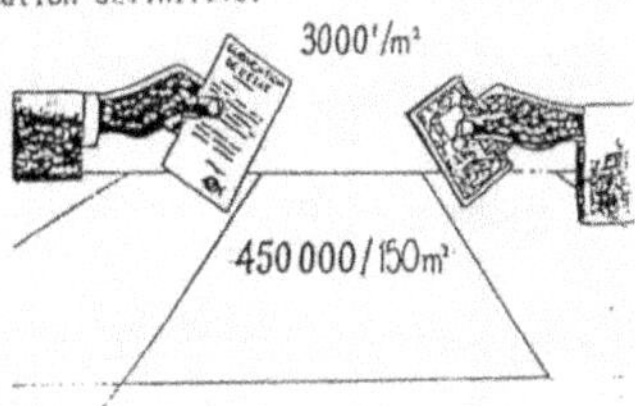

INTERVENTION MINIMALE

Un projet de restructuration de l'habitat spontané ne peut pas, à lui seul, résoudre tous les problèmes liés à une bonne gestion du cadre de vie. L'amélioration de celui-ci est un processus et un défi pour plusieurs générations.

Vu l'ampleur du phénomène d'habitat spontané et l'implication financière des populations, l'intervention dans les zones choisies doit cibler les priorités, être modeste, réalisable en peu de temps et peu coûteuse.

Le respect de ces critères implique un aménagement adapté à la configuration existante. Cet aménagement doit s'affranchir le cas échéant, des normes d'urbanisme préétablies.

L'intervention dans les quartiers spontanés des villes du Sénégal correspond à une politique de longue haleine, s'inscrivant dans un processus d'amélioration progressive du cadre de vie.

Les normes d'aménagement ont été fixées par les représentants des populations eux-mêmes lors des **ateliers de planification.** Ceux-ci ont abouti à la définition des priorités d'intervention :

* ouverture des rues et réalisation de voies en latérite pour les axes principaux;
* relogement des familles jusqu'alors installées dans une zone d'eau stagnante et remblaiement du bas-fonds;
* réalisation d'un réseau d'eau potable permettant un branchement individuel pour toutes les parcelles;
* éclairage public;
* réalisation d'équipements sociaux et sanitaires (extension de l'école, dispensaire, centre social, édicules publics...).

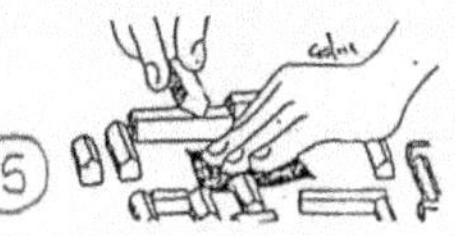

5

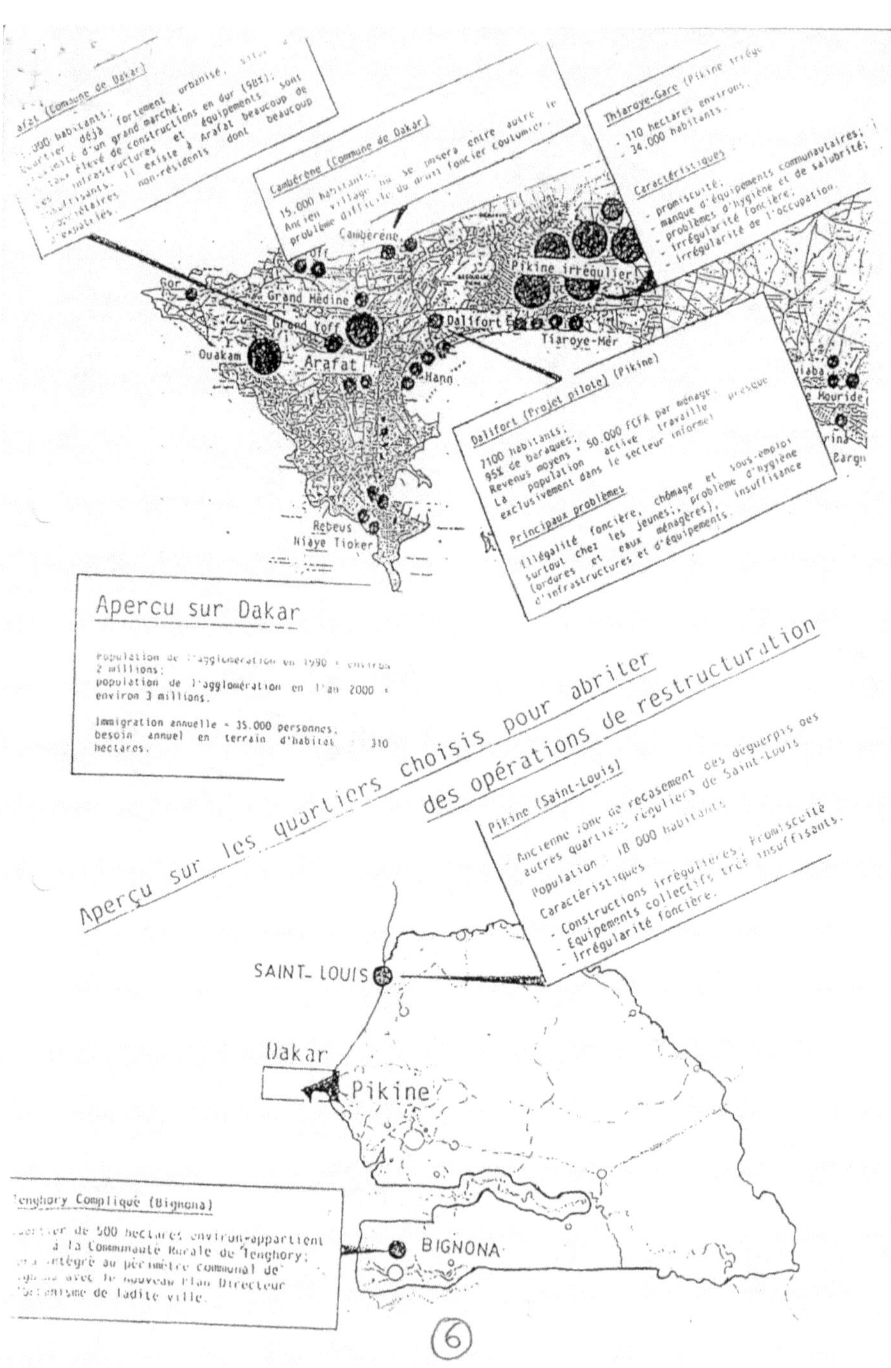

(Commune de Dakar)
habitants;
fortement urbanisé,
d'un grand marché;
élevé de constructions en dur (98%);
infrastructures et équipements sont
Il existe à Arafat beaucoup de
non-résidents dont beaucoup
Cambérène (Commune de Dakar)
15.000 habitants
Ancien village
Thiaroye-Gare
110 hectares environs.
34.000 habitants.
Caractéristiques
- promiscuité.
- manque d'équipements communautaires;
- problèmes d'hygiène et de salubrité;
- irrégularité foncière.
- irrégularité de l'occupation.
Cambérène
Gor
Grand Médine
Grand Yoff
Ouakam
Arafat
Dalifort
Pikine irrégulier
Tiaroye-Mer
Hann
Mouride
Rebeus
Niaye Tioker
Dalifort (Projet pilote) (Pikine)
7100 habitants;
95% de baraques;
Revenus moyens : 50.000 FCFA par ménage.
La population active travaille
exclusivement dans le secteur informel
Principaux problèmes
Illégalité foncière, chômage et sous-emploi
surtout chez les jeunes;, problème d'hygiène
(ordures et eaux ménagères), insuffisance
d'infrastructures et d'équipements.
Apercu sur Dakar
population de l'agglomération en l'an 2000 : environ 3 millions.
Immigration annuelle = 35.000 personnes.
besoin annuel en terrain d'habitat : 310 hectares.
Aperçu sur les quartiers choisis pour abriter
des opérations de restructuration
Pikine (Saint-Louis)
Population : 18 000 habitants
Caractéristiques
- Constructions irrégulières; Promiscuité
- Equipements collectifs très insuffisants.
- Irrégularité foncière.
SAINT-LOUIS
Dakar
Pikine
Tenghory Compliqué (Bignona)
à la Communauté Rurale de Tenghory;
de ladite ville.
BIGNONA
6

UN PROGRAMME

De Dalifort à la mise en place d'une nouvelle politique de Restructuration de l'Habitat Spontané, un programme d'action, adaptable aux caractéristiques des différents quartiers, est actuellement appliqué dans cinq zones sélectionnées.

Ce plan d'opérations peut-être divisé en quatre phases .

Ce programme est conforme au cadre institutionnel et financier que constituent les decrets :

- 91-748 approuvant et rendant exécutoire les opérations de restructuration et de régularisation foncière dans les zones déclarées de restructuration par le Ministre chargé de l'Urbanisme ;
- 91-595 instituant un Fonds de Restructuration et de Régularisation Foncière (FORREF).

1) Phase préliminaire

: il s'agit de la collecte des données telles que :

- information et recensement des populations ;
- plan d'état des lieux;
- étude foncière, s'il y a lieu, et autres types d'études techniques (hydro-géologique par exemple).

2) La seconde phase

consiste principalement à organiser les populations par :

- vérification des "ayants-droit" ;
- mise en place des associations sous forme de Groupement d'Intérêt Economique (GIE).

3) Phase de planification.....

.... avec les populations : ateliers de planification aboutissant au plan de restructuration ;

.... technique :

- élaboration du Plan d'Urbanisme de Détail ;
- déclaration d'utilité publique de de l'opération de restructuration ;
- approbation du Plan de Restructuration par les autorités compétentes ;
- mise des terrains au nom de l'Etat et fixation définitive du prix parcellaire au m².

4) Dernière phase : l'exécution .....

.... de la restructuration :

- délimitation des îlôts et parcelles;
- opérations de recasement, s'il y a lieu ;
- établissement des dossiers d'attribution.

.... des infrastructures :

- techniques (réseaux et assainissement) ;
- sociales.

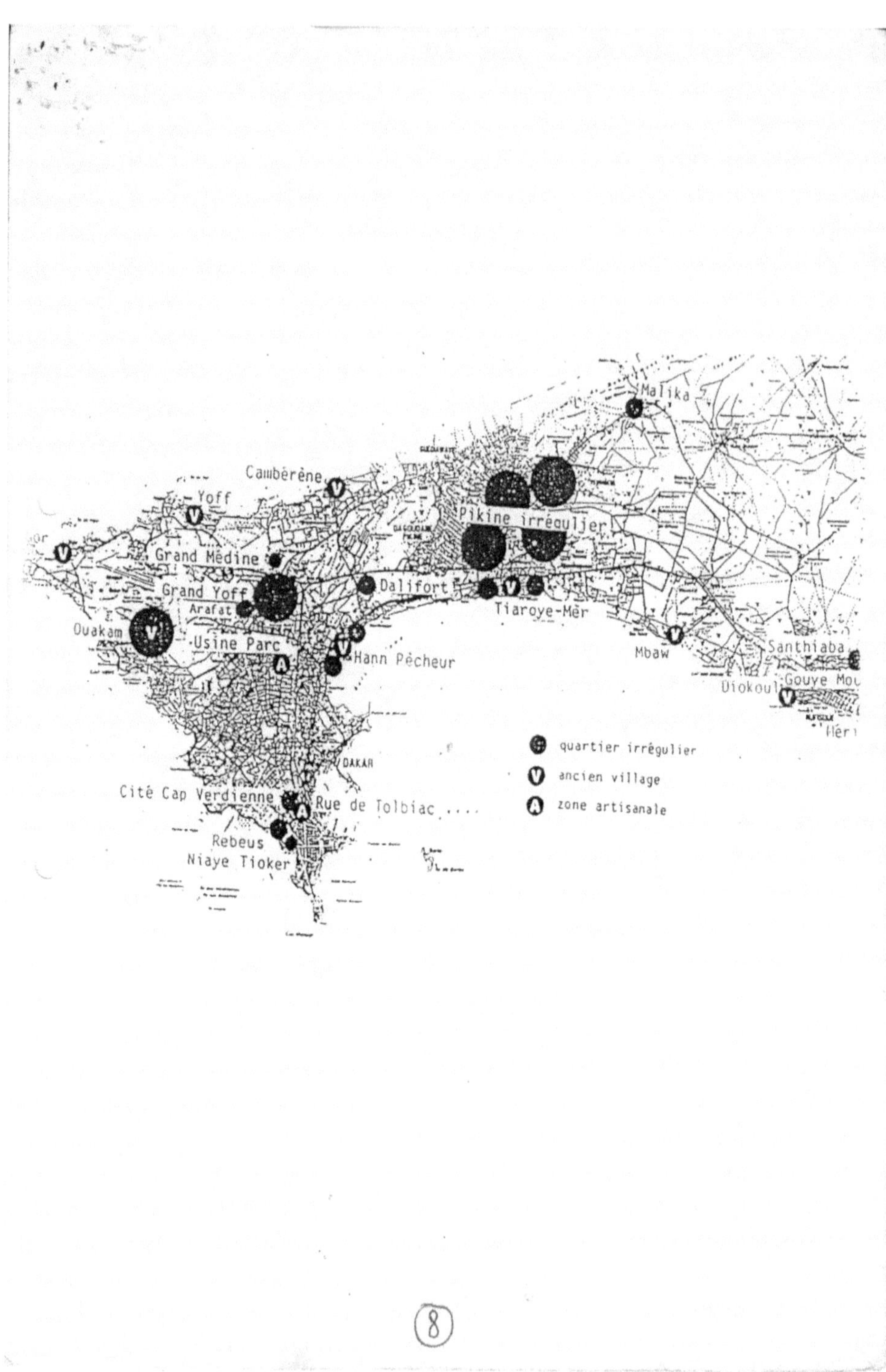
Malika
Cambérène
Yoff
Pikine irrégulier
Grand Médine
Grand Yoff
Arafat
Dalifort
Tiaroye-Mer
Ouakam
Usine Parc
Hann Pêcheur
Mbaw
Santhiaba
Diokoul
Gouye Mou
DAKAR
Cité Cap Verdienne
Rue de Tolbiac....
Rebeus
Niaye Tioker
quartier irrégulier
ancien village
zone artisanale
8

PROJET DE RESTRUCTURATION

DE

DALIFORT

ECHOS

DE

DALIFORT

Prix : 100 F

BULLETIN MENSUEL D'INFORMATION

N° 0

S O M M A I R E Pages

(1)

EDITORIAL

Le Sénégal à l'image des pays en développement est caractérisé par un taux d'urbanisation très élevé.

Cette situation s'est traduite au plan spatial par l'importance des occupations irrégulières qui sont devenues la forme d'habitat dominante dans nos agglomérations urbaines et singulièrement à Dakar.

C'est dans la mouvance de recherche de solution qu'un projet de"restructuration d'une zone d'habitat spontanée à Dakar" a été conclu entre le Sénégal et la R.F.A.

La sélection procédée sur les différents quartiers spontanés de Dakar et les villages traditionnels a permis de choisir Dalifort pour abriter le projet pilote.

Le projet vise deux objectifs fondamentaux qui sont notamment la participation de la population du quartier choisi à l'effort d'amélioration de leurs conditions de vie et d'habitat et l'application d'une politique de restructuration intégrée et participative de l'habitat.

C'est cette approche participative qui justifie la volonté affichée d'informer les habitants du quartier sur toutes les composantes et activités du projet et de les impliquer davantage en tant que partenaires et acteurs.

C'est pourquoi, " Les échos de Dalifort " a été conçu pour servir de tribune en vue d'un dialogue fécond. Il doit être l'émanation de l'expression des habitants de Dalifort. C'est dire que la survie de ce mensuel d'information dépend en grande partie des articles, suggestions et observations que les habitants voudront bien nous envoyer.

Le Comité Information

Comités Foncier et Planification

Membres

Comité Foncier

- Ndar FAYE Pr priétaire
- Amadou SALL Propriétaire
- Diène NGOM Locataire
- Landing SANE Locataire

Autorité morale : Daouda SOW

Partenaires au niveau du comité des Sages : Abdou DIOP et E.M.Amadou WONE

Comité Planification

- Cheikh Lamane FAYE
- Thilèle DIA
- Thiendella FALL
- Youga DIALLO
- Kéba TOURE

Partenaires au niveau du comité des Sages : Aliou BA et Abdoulaye TRAORE

Responsables au niveau de l'Equipe du Projet : Sellé NDIAYE

Rôle

Ces deux comités ont pour rôle de cerner les différents enjeux fonciers qu'implique la restructuration et de procéder à la planification de l'implantation des infrastructures et équipements collectifs.

Activités

Depuis le 29 Juin 1988, les comités Fonciers et Planification se sont réunis conjointement pour discuter des points suivants :

- information sur les décrets d'utilité publique et de cessibilité du terrain d'assiette

...///

- commentaires des différents statuts d'occupation du sol
- présentation des limites physiques du terrain d'assiette, sur le plan et sur le terrain
- discussion sur les différents types de propriété existants (permis d'occuper; bail titre foncier)
- description du plan du quartier au niveau des équipements existants, de la structure bâtie et du réseau des voieries
- présentation des deux hypothéses de plan de restructuration développées par l'Eq ipe.

Au stade actuel du travail, le comité , **n'a** encore pris aucune décision concernant le choix d'un modèle de régularisation définitif.

Les discussions se poursuivent sur les deux hypothéses proposées en vue de trouver une solution acceptable, aussi bien au niveau des principes que des coûts.

<u>Sellé NDIAYE et Patrick BAUDART</u>

Comité Eaux Stagnantes

Membres

- Ablaye	AW	Propriétaire
- Samba	KA	Locataire
- Mamadou	THIAM	Locataire
- Thomas	FAYE	Jeune
- Saloum	BALDE	Jeune

Autorité morale : Siré DIA

Partenaires au niveau du comité des Sages : Ablaye MENDY et Adama SENE

Responsable au niveau de l'Equipe : Malèye DIOP

Rôle

Le comité a procédé le 24 Juin 1988 à un recensement des concessions situées dans la zone des eaux stagnantes.

Ce recensement a permis de constater que 66 concessions composées de 160 ménages répartis dans 130 baraques et quelques constructions en dur sont concernées par les eaux stagnantes.

Parmi les 66 concessions recensées, environ 25 se trouvent dans une situation alarmante.

En attendant qu'une solution technique à long terme soit trouvée (solution qui tiendra compte des études menées par le (CEREEQ), le comité s'est penché sur les différentes alternatives possibles pour parer à ce problème pour la présente saison des pluies.

Entre autres alternatives développées, nous pouvons citer:

- le recasement provisoire qui n'a pu être retenu faute d'un modèle de régularisation définitif
- l'installation provisoire dans des tentes
- le maintien du statut-quo

...///

- les abris provisoires
- le remblaiement ponctuel : c'est cette dernière solution qui a été retenue et qui a été exécutée grâce à l'assistance technique et matérielle du projet.

Malèye DIOP et Wolfgang DICKHAUT

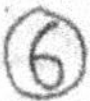

COmité Promotion des Activités Economiques

Membres

- Rokhaya BADJI
- Maty DIA
- Diéwo DIA
- Yandé NDIAYE
- Belly DIAWARA
- Samba N'DOME
- Omar SANE
- Madiop HANNE

Partenaires au niveau du Comité des sages :

Responsables au niveau de l'Equipe : Anita MORITZ et Malick COLY

Rôle :

Le Comité a pour mission principale, l'élaboration des formes d'assistance à la promotion des activités économiques à Dalifort notamment dans le secteur informel. Il peut s'agir d'une définition des conditions d'octroi de crédits par le projet, d'une assistance technique, d'une information sur les possibilités d'aide qu'offrent les institutions étatiques, para-étatiques ou privées existantes.

Activités :

Durant la période allant du 20 Mai 1988 au 27 Juillet 1988, les responsables du comité ont eu à visiter les Institutions chargées de la promotion des petites et moyennes entreprises au Sénégal. Il s'agit entre autres de la Chambre de Commerce et d'Industrie de Dakar, de la Direction de l'Artisanat du MDIA, de la SONAGA-SONABANQUE, de la SOFISEDIT, de la SONEPI et du Projet d'Appui Technique PAT) à la Délégation à l'Insertion, à la Réinsertion, et à l'Emploi (DIRE).

Ces contacts devaient permettre de prendre davantage connaissance des programmes de ces Institutions et de voir si elles

...///

pouvaient apporter une certaine assistance aux artisans et petits commercants de Dalifort.

Une première réunion d'information sur les possibilités d'assistance du projet à la promotion des activités économiques, à laquelle ont assisté une vingtaine d'artisans et commerçants (dont 50 % de femmes) s'est tenue le 19 Juillet 1988 à Dalifort.

Le comité poursuit le travail en relation avec les personnes intéressées.

Malick COLY et Anita MORITZ

8

Comité Information

Membres

Honoré	MENDY
Al Housseyni	BALI
Macodou	SALL
Lamrani	DIALLO
Papa	NDIAYE
Abdoulaye	DIALLO

Partenaires au niveau du comité des Sages : Samba LY et
Ibrahima BA

Représentant au sein de l'Equipe : Abdoulaye DIALLO

Rôle :

Le comité a pour mission de sensibiliser les populations de Dalifort sur les différents aspects du projet. Il sert de courroie de transmission entre les habitants du quartier et les autres comités par objectif intervenant dans le cadre du projet.

Réalisation :

Pour remplir la tâche qui lui est dévolue, le comité a eu à :

- répertorier les différents systèmes d'information utilisés par les habitants du quartier,
- mener une enquête sur la receptivité des habitants qu quartier aux dits systèmes et sur leur degré de compréhension du projet.

Pour ce faire, une questionnaire a été élaboré et appliqué sur un échantillon de 64 personnes environ. Son évaluation a permis de définir une approche pour mieux vulgariser l'information.

- enfin le comité s'est penché sur les modalités pratiques pour la parution du 1er numéro du journal.

Abdoulaye DIALLO

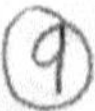

Comité Infrastructures Techniques

Membres

Cotowo	THIAM
Mawa	DIOP
Samba	SANE
Racine	DIALLO
El Hadji	THIAM
Babacar	DIOP
Mawdo	DIOP

Partenaires au niveau du comité des Sages : Bilaly DIA, Boukar DIOUF et Ousseynou NDIAYE

Représentant au sein de l'Equipe : Malèye DIOP

Rôle

Le Comité Infrastructures Techniques a pour mission de réfléchir sur les possibilités d'amélioration et de création des équipements de base (adduction d'eau potable, évacuation des eaux usées, des ordures, électrification du quartier, réseau de voierie, équipements socio-culturels etc...).

Il doit faire l'analyse des infrastructures, existantes, des besoins et des mesures à prendre pour améliorer les conditions de vie de la population de Dalifort.

Activités :

Les activités sont réparties en deux phases :

- une première phase - test consistera à exécuter quelques mesures pour évaluer le degré de participation et d'organisation de la population et les possibilités techniques des programmes envisagés. Cette phase se terminera à la fin de l'année 1989.

...///

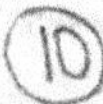

- Une deuxième phase qui fera fonction des expériences acquises durant la phase - test, permettra la mise en oeuvre des programmes dont les tests se sont révélés positifs.

les mesures seront choisies par référence aux résultats de l'atelier ZOPP/POP.

Une étroite collaboration entre les comités planification, foncier et la population de Dalifort sera à la base de la réussite de ce comité.

C'est dire également qu'une participation effective de la population est nécessaire pour atténuer les coûts d'investissement.

Malèye DIOP et Wolfgang DICKHAUT

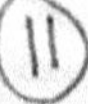

POEME

Dalal di deglu, mbaa nga gëstu téré yi boo begee xam li bees ci dun bi

All bu léndem te tilim la woon ba ken ñëme wu fee jaar becëg sàkkaaguddi

Loolu daqu na fi tey ci barkeb bu nû ñanug maam Demba Diop na yalla seral ay yaxam

Islaam la daan laxasoo, soloo Mbaax ba yalla rus ko lu coow barë bari selaw niko dandiq

Fu waay mëna joge mu yérém la yaatal la saxoo juleg ñaan ngir yalla yaatal sancam bi

Ormaal kilifa fonk dékéndoo kiikuko mésa woor jooru looloo waral ràbbanaa waccégéneel

Réy, raw, rayy, sax sell sakan lui la maambégoon, lii ler baay doon dox

Tey Yalla mi dara téwul tas na xééwél a dal bi kon japal té jappele bu sote njarim wàcc

nanù takku, muñ, mankoo te jape le projet bii ndax sunuy coono jeex

Ngalla waay bul jéppi Christian dalay defaral ba ñeetaané daqu

bul mere Moussa dalay saxal ba sa xel dal

bul Xatal ablaay dalay leeralal ba fao taxaw ñime

bul xaaré maley sa njariña ko taxa jog topal ci moom

yatalal Sellé mi pell tey sellal ba sa yaram jamm

Yii goor u yalla tool bii ñuy bay bis bu ñoree wora Dalifort am dund.

Koon nañu goor goor lu jap le leen, aar leen te dimbalileen degalleem

Ndax yalla Wacceel ñu tawfeex.

Papa NDIAYE

(12)

REPUBLIQUE DU SENEGAL

MINISTERE DE L'ECONOMIE, DES FINANCES ET DU PLAN

MINISTERE DE L'URBANISME ET DE L'HABITAT

N°...91.748..............

- ANNEXE 3 -

Dakar, le

PROJET DE DECRET : organisant la procédure d'exécution des opérations de restructuration et de régularisation foncière des quartiers non lotis dans les limites des zones à rénovation urbaine.

RAPPORT DE PRESENTATION

--ooOoo--

Le projet de décret, objet du present rapport, organise la procédure d'exécution des operations de restructuration et de regularisation foncière des quartiers non lotis, dans les limites des zones de renovation urbaine.

Ce projet est l'aboutissement de nombreuses recherches et d'une large concertation entre le ministère de l'Urbanisme et de l'Habitat, le ministere de l'Economie, des Finances et du Plan et les autres départements intervenant dan le secteur de l'urbanisme et de l'habitat.

Ce travail tres important, a été réalisé par le truchement du projet pilote de restructuration de l'habitat spontané de Dalifort, mis en place depuis trois ans, grâce à la cooperation techique et financiere de la République féderale d'Allemagne.

Depuis deux decennies, en effet, l'habitat spontané a pris d'assaut Dakar et les autres villes de l'interieur, avec l'occupation anarchique des zones inaptes a l'habitat, a la péripheri immédiate des grandes agglomérations.

A cela, s'ajoutent les villages traditionnels caracterisés, par la promiscuité le manque d'équipements communautaires et l'inexistence de titres d'occupation pour les habitants, entrainant la prolifération des constructions non autorisé qui densifient un tissu urbain déjà saturé.

./...

C'est donc, pour mettre fin à cette situation, que le Ministre chargé de l'Urbanisme initie une politique qui permettra, à moyen et longs termes, la résorption de l'habitat spontané à Dakar et dans les villes de l'intérieur.

Cette politique est basée sur la participation des populations tant sur le plan financier, que sur la conception technique du plan de lotissement de restructuration devant assurer l'amélioration de leur cadre de vie.

Le présent décret définit le cadre et la procédure d'exécution des plans de rénovation de l'habitat spontané, en vue d'organiser les interventions des bailleurs de fonds et des autorités compétentes.

Telle est, Monsieur le Président de la République, l'économie du projet de décret que nous avons l'honneur de soumettre à votre signature.

Le Ministre de l'Economie, des Finances et du Plan	Le Ministre de l'Urbanisme et de l'Habitat
Famara Ibrahima SAGNA	Amath DANSOKHO

REPUBLIQUE DU SENEGAL

MINISTERE DE L'ECONOMIE, DES FINANCES ET DU PLAN

MINISTERE DE L'URBANISME ET DE L'HABITAT

N° 91 - 748

PROJET DE DECRET : organisant la procédure d'exécution des opérations de restructuration foncière des quartiers non lotis dans les limites des zones déclarées de rénovation urbaine.

LE PRESIDENT DE LA REPUBLIQUE ;

VU la Constitution, notamment en ses articles 37 et 65 ;

VU la Loi n°64-46 du 17 juin 1964, relative au Domaine national ;

VU la Loi n°76-66 du 2 juillet 1976 portant Code du Domaine de l'Etat ;

VU la Loi n°76-67 du 2 juillet 1976, relative à l'expropriation pour cause d'utilité publique et autres opérations foncières d'utilité publique ;

VU la Loi n°87-11 du 24 février 1987 autorisant la vente des terrains domaniaux destinés à l'habitat situés en zone urbaine ;

VU la Loi n°88-05 du 20 juin 1988 portant Code de l'Urbanisme ;

VU la Décret n°64-573 du 30 juillet 1964 fixant les conditions d'application de la loi sur le Domaine national ;

VU le Décret n°77-653 du 3 juillet 1977 portant application de la loi n°76-67, relative à l'expropriation pour cause d'utilité publique et autres opérations foncière d'utilité publique ;

VU le Décret n°81-557 du 21 mai 1981 portant application du Code du Domaine de l'Etat, en ce qui concerne le domaine privé ;

VU le Décret n°87-271 du 3 mars 1987 fixant les conditions d'application de la loi du 24 février 1987 autorisant la vente des terrains domaniaux destinés à l'habitat, situés en zone urbaine ;

VU le Décret n°88-74 du 18 janvier 1988 portant barème du prix des terrains nus et des terrains bâtis applicable en matière de loyer et d'expropriation pour cause d'utilité publique ;

VU le Décret n°91-429 du 8 avril 1991 portant nomination des ministres ;

VU le Décret n°91-430 du 8 avril 1991 portant répartition des services de l'Etat du contrôle des établissements publics, des sociétés nationales et des sociétés d'économie mixte, entre la Présidence de la République, la Primature et les ministères ;

./...

SUR le rapport conjoint du Ministre de l'Economie, des Finances et du Plan et du Ministre de l'Urbanisme et de l'Habitat ;

D E C R E T E :

Article premier : Le présent décret organise la procédure d'exécution des opérations de restructuration et de régularisation foncière des quartiers non lotis, dans les limites des zones de rénovation urbaine.

Article 2 : La régularisation foncière comporte les opérations suivantes :

1.-la réalisation d'un état des lieux de la zone à restructurer,
2.-le recensement de l'ensemble des propriétaires d'impenses et des locataires situés dans la zone,
3.-l'établissement d'une liste des occupants du quartier pouvant bénéficier de la régularisation foncière sous la forme d'une concession de droit de superficie,
4.-l'organisation des futurs attributaires de parcelles en groupement d'intérêt économique ou en coopérative, afin d'assurer leur participation à l'exécution de l'opération de restructuration et de régularisation foncière,
5.-l'élaboration d'un plan d'urbanisme de détail,
6.-l'immatriculation au nom de l'Etat, de tous les terrains du domaine national et l'expropriation pour cause d'utilité publique des terrains privés occupés irrégulièrement, compris dans le périmètre de la zone,
7.-l'élaboration d'un plan de rénovation urbaine, sous la forme d'un plan de lotissement de restructuration avec la participation effective des populations concernées,
8.-la fixation de la participation financière de l'attributaire de la parcelle.

./...

ARTICLE 3 : Sont seules recevables, les demandes de droits de superficie, de propriétaires d'impenses dûment recensés à la phase préliminaire de chaque opération de restructuration et de régularisation foncière par une commission désignée par le Ministre chargé de l'Urbanisme.

Toutefois, les demandes de droits de superficie des chefs de fa locataires dans la zone à restructurer, peuvent être examinées dans la limite des parcelles disponibles selon les règles de priorité suivante :

- ancienneté de l'installation dans le quartier,
- taille de la famille.

La demande d'un propriétaire de titre foncier non résident, exproprié en application des dispositions du paragraphe 6 de l'article du présent décret, peut être examinée dans la limite des parcelles de recasement disponibles.

ARTICLE 4 : Le plan de lotissement de restructuration est élaboré en tenant compte dans la mesure du possible de la configuration des parce. Les droits de superficie seront octroyés selon l'implantation effective.

Le plan de lotissement de restructuration est accompagné d'un règlement particulier d'urbanisme.

ARTICLE 5 : Sur la base du plan de lotissement de restructuration et du re ment effectué, la liste des propriétaires d'impenses l'article 3 du présent décret est préparée par la co relation avec les comités de quartiers mis en place tion participative.

Les propriétaires d'impenses situées dans des zones im l'habitat, ou sur des lots rendus inconstructibles en du règlement particulier d'urbanisme, sont réinstallés lotissement de recasement.

La liste des ayant-droits, arrêtée par la commission visée à l'article 3 du présent décret, est transmise par le Directeur de l'Urbanisme et de l'Architecture au Directeur de l'Enregistrement, des Domaines et du Timbre pour l'établissement du droit de superficie.

Les personnes qui continueraient à occuper irrégulièrement les terrains visés à l'alinéa 2 du présent article, feront l'objet de mesures de déguerpissement.

ARTICLE 6 : Pour assurer le recouvrement des coûts d'aménagement, la participation au mètre carré des attributaires, arrêtée pour chaque zone, est agale à la valeur du droit de superficio, à laquelle s'ajoute la contribution de l'attributaire aux frais de viabilisation.

Le montant des droits de superficie est calculé sur la base du décret portant barême du prix des terrains.

Les frais de viabilisation sont calculés sur la base du plan de lotissement de restructuration, etabli d'un commun accord avec les populations concernées.

Le paiement intégral de la participation donne droit à l'établissement, au profit de l'attributaire, de la concession de droits de superficie qui est accordee pour une durée de cinquante (50) ans.

ARTICLE 7 : La participation des attributaires calculée par application des dispositions de l'article 6 n'est accordé que pour une parcelle à chaque propriétaire d'impenses recensé.

L'occupation d'autres parcelles par un même propriétaire d'impenses peut exceptionnellement faire l'objet d'une régularisation pour des raisons dûment justifiées par la commission visée à l'article 3, et si le bénéficiaire justifie de l'occupation.

Dans ce cas, la participation est majorée de 100% par rapport au tarif résultant de l'application des dispositions de l'article 6.

./...

ARTICLE 8 : Les bénéficiaires de droits de superficie peuvent demander la transformation de leurs droits de superficie en titres fonciers conformément au décret n°87-271 du 3 mars 1987 fixant les conditions d'application de la loi n°87-11 du 24 février 1987 autorisant la vente des terrains domaniaux destinés à l'habitat, situés en zone urbaine.

Le titre foncier leur est accordé en contrepartie du versement déjà effectué de la participation visée à l'article 6.

ARTICLE 9 : Le Ministre de l'Economie, des Finances et du Plan et le Ministre de l'Urbanisme et de l'Habitat, sont chargés, chacun en ce qui le concerne de l'exécution du présent décret qui sera publié au Journal officiel.

Fait à Dakar, le 29.JUILLET.1991...

Abdou DIOUF

par le Président de la République,

Le Premier Ministre :

Habib THIAM

FORREF Lecut! 96386

- ANNEXE 4 -

REPUBLIQUE DU SENEGAL

MINISTERE DE L'ECONOMIE, DES FINANCES ET DU PLAN

MINISTERE DE L'URBANISME ET DE L'HABITAT

N°. 91.595

PROJET DE DECRET instituant un Fonds de Restructuration et de Régularisation Foncière (FORREF).

RAPPORT DE PRESENTATION

Le financement des opérations de restructuration et de régularisation foncière des quartiers non lotis est l'objet du projet de décret instituant un Fonds de Restructuration et de Régularisation Foncière (FORREF), ouvert dans les livres d'une banque désignée par le Ministre chargé de l'Urbanisme.

Il s'agit en particulier, devant l'ampleur des besoins financiers nécessaires pour faire face à l'aménagement des quartiers spontanés, d'éviter de dépenser à fonds perdus les ressources utilisées pour la mise en oeuvre du projet pilote de Dalifort.

Ce fonds est une ligne de crédit, dont les ressources proviennent :
- des Communes intéressées par les opérations de rénovation urbaine,
- des populations jusqu'à concurrence de leur obligation de contribution aux charges d'aménagement du quartier,
- de tous autres bailleurs de fonds privés ou publics.

L'Etat participe au financement des opérations de rénovation urbaine par le versement dans le FORREF des sommes perçues au titre de la concession de droits de superficie, à l'exclusion des droits de timbre, d'enregistrement et de publicité foncière.

./...

Les ressources du FORREF servent au financement de toutes les opérations de restructuration foncière, notamment de l'expropriation pour cause d'utilité publique, du lotissement, de la réalisation d'infrastructures et d'équipements communautaires, de la promotion de petites activités économiques, dans les zones de rénovation urbaine.

Le FORREF permettra enfin avec la délivrance de titres d'occupation réguliers dans les zones d'habitat spontané, d'intensifier l'autoconstruction et l'amélioration de l'habitat, en facilitant ainsi la gestion urbaine et la collecte de l'impôt foncier, notamment par le truchement du Cadastre fiscal.

Telle est, Monsieur le Président de la République, l'économie du projet de décret que nous avons l'honneur de soumettre à votre signatrue.

- 1 -

REPUBLIQUE DU SENEGAL

N° 91-595....

MINISTERE DE L'ECONOMIE, DES FINANCES ET DU PLAN

MINISTERE DE L'URBANISME ET DE L'HABITAT

PROJET DE DECRET : Instituant un Fonds de Restructuration et de Régularisation Foncière (FORREF) des quartiers non lotis.

LE PRESIDENT DE LA REPUBLIQUE,

VU la Constitution, notamment en ses articles 37 et 65 ;

VU la Loi de finance 75-64 du 28 juin 1975 portant loi organique aux lois de finances ;

VU la Loi 76-66 du 2 juillet 1976 portant Code du Domaine de l'Etat ;

VU la Loi 76-67 du 2 juillet 1976 relative à l'expropriation pour cause d'utilité publique et aux autres opération foncières d'utilité publique ;

VU la Loi 88-05 du 20 juin 1988 portant Code de l'Urbanisme ;

VU le Décret n°77-653 du 3 juillet 1977 portant application de la loi n°76-67 relative à l'expropriation pour cause d'utilité publique et autres opérations foncières d'utilité publique ;

VU le Décret 81-557 du 21 mai 1981 portant application du Code du Domaine de l'Etat, en ce qui concerne le domaine privé ;

VU le Décret 88-74 du 18 janvier 1988 portant barème du prix des terrains nus et des terrains bâtis applicable en matière de loyer et d'expropriation pour cause d'utilité publique ;

VU le Décret n°91-429 du 8 avril 1991 portant nomination des ministres

VU le Décret n°91-430 du 8 avril 1991 portant répartition des services de l'Etat, du contrôle des établissements publics, des sociétés nationales et des sociétés d'économie mixte, entre la Présidenee de la République, la Primature et les ministères ;

SUR le rapport conjoint du Ministre de l'Economie, des Finances et du Plan et du Ministre de l'Urbanisme et de l'Habitat ;

./...

Article premier : Pour assurer le refinancement des opérations de restructuration et de régularisation foncière des quartiers non lotis, il est créé un "Fonds de Restructuration et de Régularisation Foncière (FORREF)", ouvert dans les livres d'une banque désignée par le Ministre chargé de l'Urbanisme.

Article 2 : Les ressources du FORREF proviennent :

- des populations, jusqu'à concurrence de leur obligation de contribution aux coûts d'aménagement du quartier, y compris les sommes qu'elles versent au titre de la concession de droit de superficie, à l'exclusion des droits de timbres, d'enregistrement et de publicité foncière,
- de la Commune dans le ressort de laquelle est situé le quartier concerné,
- de tous autres bailleurs de fonds publics ou privés.

Article 3 : Pour recevoir le droit de superficie, le bénéficiaire verse au FORREF le montant représentant la valeur de ce droit, ainsi que sa contribution aux frais de viabilisation.

Article 4 : La participation de l'Etat au financement des opérations de restructuration et de régularisation foncière est représentée par l'affectation et le versement au FORREF des sommes perçues au titre de la concession de droits de superficie, à l'exclusion des droits de timbres, d'enregistrement et de publicité foncière.

Article 5 : Les ressources du FORREF servent, dans les zones déclarées de restructuration par le Ministre chargé de l'Urbanisme, au financement :

- des opérations d'aménagement et de régularisation foncière, notamment de l'expropriation pour cause d'utilité publique, des infrastructures, des équipements communautaires, de la promotion de petites activités économiques
- des crédits d'acquisition de parcelles.

./...

Article 6 : Les décisions de financement du FORREF sont prises par un Comité Directeur présidé par le Ministre chargé de l'Urbanisme ou son représentant, comprenant :

- le Directeur général des Impôts et des Domaines,
- le Directeur de l'Urbanisme et de l'Architecture,
- le Directeur de la Construction et de l'Habitat,
- le Directeur des collectivités locales,
- le Directeur général de la banque où est domicilié le FORREF,
- les représentants des bailleurs de fonds contribuant au FORREF.

Le comité Directeur peut recueillir l'avis de toute personne dont la compétence est jugée utile.

Article 7 : L'Administrateur du FORREF est nommé par le Ministre chargé de l'Urbanisme.

Les modalités de gestion et de contrôle du FORREF sont précisées par convention particulière passée entre le Ministre chargé de l'Urbanisme et la banque.

Article 8 : Le Ministre de l'Economie, des Finances et du Plan, le Ministre de l'Intérieur et le Ministre de l'Urbanisme et de l'Habitat sont chargés, chacun en ce qui le concerne, de l'exécution du présent décret qui sera publié au Journal officiel.

Fait à Dakar, le 14 JUIN 1991

Abdou DIOUF

par le Président de la République,

Le Premier Ministre

Habib THIAM

REPUBLIQUE DU SENEGAL

MINISTERE DE L'ECONOMIE
DES FINANCES ET DU PLAN

MINISTERE DE L'URBANISME
ET DE L'HABITAT

N°.96..386..........

DECRET
Abrogeant et remplaçant le décret
N°91-595 du 14 juin 1991
instituant un Fonds de Restructuration
et de Régularisation Foncière
(FORREF)

LE PRESIDENT DE LA REPUBLIQUE ;

Vu la Constitution, notamment en ses articles 37 et 65 ;
Vu la Loi n°6446 du 17 juin 1964, relative au domaine national ;
Vu la Loi n°75-64 du 28 juin 1975 portant loi organique aux lois des finances ;
Vu la Loi n°76-67 du 2 juillet 1976, relative à l'expropriation pour cause d'utilité publique et aux autres opérations foncières d'utilité publique ;
Vu la Loi n°88-05 du 20 juin 1988 portant Code de l'Urbanisme ;
Vu le Décret n°64-573 du 30 juillet 1964 fixant les conditions d'application de la loi n°64-46 relative au domaine national ;
Vu le Décret n°77-563 du 3 juillet 1977 fixant les conditions d'application de la loi n°76-67 relative à l'expropriation pour cause d'utilité publique et aux autres opérations foncières d'utilité publique ;
Vu le Décret n°81-557 du 21 mai 1981 portant application du Code du Domaine de l'Etat en ce qui concerne le domaine privé ;
Vu le Décret n°88-74 du 18 juillet 1988 portant barème du prix des terrains nus et des terrains bâtis, applicable en matière de loyer et d'expropriation pour cause d'utilité publique ;
Vu le Décret n°91-595 du 14 juin 1991 instituant un Fonds de Restructuration et de Régularisation Foncière (FORREF) ;
Vu le Décret n°91-748 du 29 juillet 1991, organisant la procédure d'exécution des opérations de restructuration foncière des quartiers non lotis dans les limites des zones déclarées de rénovation urbaine ;
Vu le Décret n°93-717 du 1er juin 1993 portant nomination du Premier Ministre ;
Vu le Décret n°95-312 du 15 mars 1995 portant nomination des Ministres ;
Vu le Décret n°95-315 du 16 mars 1995 portant répartition des services de l'Etat et du contrôle des établissements publics, des sociétés nationales et des sociétés à participation publique entre la Présidence de la République, la Primature et les Ministères ;
Vu le Décret n°95-748 du 12 septembre 1995 portant modification de la composition du Gouvernement ;
Sur le rapport conjoint du Ministre de l'Economie, des Finances et du Plan et du Ministre de l'Urbanisme et de l'Habitat ;

-1-

D E C R E T E :

Article premier : En vue d'assurer le financement des opérations de restructuration et de régularisation foncière des quartiers non lotis, il est créé un Fonds de Restructuration et de Régularisation Foncière (FORREF).

Article 2 : Les ressources de ce Fonds sont constituées par :

- La participation des populations bénéficiaires des aménagements et équipements réalisés dans les quartiers non lotis ;
- La participation des collectivités locales sur le territoire desquelles sont situés les quartiers concernés ;
- Les participations des bailleurs de fonds publics ou privés, nationaux et internationaux ;
- Les subventions de l'Etat ;
- Le produit des intérêts générés par les dépôts du Fonds.

Article 3 : La remise des actes portant concession du droit de superficie aux occupants des parcelles ayant bénéficié des opérations de restructuration et de régularisation foncière, est subordonnée au versement préalable par leur bénéficiaire :

- du montant représentant la valeur du droit de superficie et des droits de timbre, d'enregistrement et de publicité foncière, à verser à l'Etat,
- du montant représentant sa participation aux dépenses de restructuration et d'aménagement, versée au Fonds.

Article 4 : La participation de l'Etat au financement des opérations est représentée par une subvention annuelle versée au crédit du Fonds de Restructuration et de Régularisation Foncière, dont le montant est au moins égal aux sommes à percevoir par l'Etat, au titre de la concession des droits de superficie à forclusion des droits de timbres, d'enregistrement et de publicité foncière.

Article 5 : Les dépenses du Fonds sont relatives au financement des opérations de restructuration et de régularisation foncière, notamment des études techniques, des expropriations pour cause d'utilité publique, de la réalisation d'infrastructures et d'équipements communautaires, et des frais liés à l'exécution des projets.

Article 6 : Le Fonds dispose d'un compte ouvert dans les livres d'une banque désignée par le Ministre de l'Urbanisme et de l'Habitat. Les modalités d'utilisation de ce compte sont précisées par une convention conclue avec la banque.

Un manuel de procédure précise les modalités de gestion et de fonctionnement du Fonds.

Article 7 : Le Fonds est administré par un Conseil de Direction, présidé par le Ministre de l'Urbanisme et de l'Habitat ou son représentant. Il comprend les membres suivants :

-2 -

- le Directeur général des Impôts et Domaines,
- le Directeur de l'Urbanisme et de l'Architecture,
- le Directeur des Collectivités locales,
- le Président de l'Association des Maires du Sénégal ou son représentant,
- le Directeur général de la Banque de domiciliation du FORREF,
- un représentant de chaque bailleur de fonds contribuant à la mise en oeuvre des programmes du Fonds inscrits à l'ordre du jour.

Article 8 : Le Conseil de Direction est l'organe d'orientation et de contrôle du Fonds. Il approuve les programmes de restructuration et de régularisation et en suit l'exécution.
Il adopte le manuel de procédures du Fonds et approuve les conventions, notamment celle prévue à l'article 6 du présent décret.
Il adopte le budget annuel du Fonds et approuve le rapport d'activités et les comptes de fin de gestion.
Il commande les audits annuels du Fonds.
Il se réunit au moins une fois par trimestre.

Article 9 : La gestion du Fonds est assurée par un Administrateur nommé par arrêté conjoint du Ministre chargé de l'Urbanisme et de l'Habitat et du Ministre chargé des Finances sur proposition du Conseil de Direction.
L'Administrateur prépare et soumet au Conseil, les programmes de restructuration et de régularisation foncière, le budget annuel du Fonds, le rapport d'activités et les comptes de fin de gestion.
L'Administrateur peut, en fonction de l'ordre du jour des réunions du conseil, proposer l'invitation de toute personne dont la participation est jugée nécessaire pour éclairer les décisions à prendre.

Article 10 : Le présent décret abroge et remplace le Décret n°91-595 du 14 juin 1991.

Article 11 : Le Ministre de l'Economie, des Finances et du Plan, le Ministre de l'Intérieur et le Ministre de l'Urbanisme et de l'Habitat sont chargés, chacun pour ce qui le concerne, de l'exécution du présent décret, qui sera publié au Journal officiel.

Fait à Dakar, le 15 mai 199

Par le Président de la République,

Abdou DIOUF

Le Premier Ministre

Habib THIAM

-3-

MN/m.a.g.

REPUBLIQUE DU SENEGAL

MINISTERE DE L'URBANISME
ET DE L'HABITAT

DIRECTION DE L'URBANISME
ET DE L'ARCHITECTURE

012525 N° 16 OCT.89 /M.U.H./D.U.A.

ARRETE : APPROUVANT ET RENDANT EXECUTOIRE LE PLAN DE RESTRUCTURATION DU QUARTIER DE DALIFORT.

LE MINISTRE DE L'URBANISME ET DE L'HABITAT,

VU la Constitution ;

VU le Code de l'Urbanisme ;

VU le Code du Domaine de l'Etat ;

VU la loi n° 76-67 du 2 juillet 1976, relative à l'expropriation pour cause d'utilité publique ;

VU le décret du 26 juillet 1932, portant réorganisation du régime de la propriété foncière ;

VU le décret n° 61-050 du 3 février 1961, portant règlement d'urbanisme et d'hygiène dans la région du Cap-Vert ;

VU le décret n° 67-864 du 19 juillet 1967, approuvant le plan directeur d'urbanisme de la région du Cap-Vert et le règlement de zoning annexé ;

VU le décret n° 83-1059 du 1er octobre 1983, organisant le ministère de l'Urbanisme et de l'Habitat ;

VU le décret n° 87-1194 du 25 septembre 1987, déclarant d'utilité publique le projet de restructuration du quartier de Dalifort ;

VU le décret n° 87-1398 du 16 novembre 1987, déclarant cessibles les immeubles compris dans l'assiette du projet de restructuration du quartier de Dalifort ;

VU le décret n° 88-564 du 9 avril 1988, portant répartition des services de l'Etat, du contrôle des établissements publics, des sociétés nationales et des sociétés d'économie mixte entre la Présidence de la République et les Ministères ;

VU le procès-verbal de la commission régionale de l'urbanisme en sa séance du 20 juin 1989 ;

A R R E T E :

./.

ARTICLE PREMIER : Est approuvé et rendu exécutoire le plan de restructuration et d'extension du quartier de Dalifort (Plan n° 688 DUA).

ARTICLE 2 : Le plan comprend deux parties ; une zone restructurée composée de 47 ilots numérotés de 1 à 47 dont la taille minimale des parcelles est fixée à 80 m2 ; une zone d'extension dont le lotissement comprend 245 parcelles numérotées de 1 à 245 ayant des contenances graphiques qui varient de 120 à 230 m2. Le plan devra être réalisé conformément aux plans revêtus de la mention approbation.

ARTICLE 3 : Toutes les emprises nécessaires à la voirie aux équipements administratifs et communautaires, aux espaces publics, aux espaces verts seront la propriété de l'Etat.

ARTICLE 4 : Le projet de restructuration aura à sa charge :

a) La réalisation d'un réseau d'eau potable de diamètre approprié pour l'alimentation des parcelles après accord de la SONEES ;

b) La réalisation d'un réseau électrique dans les emprises des voies de desserte après accord de la SENELEC ;

c) La confection de dossiers préliminaires à l'établissement et à l'octroi par les services des domaines, aux attributaires de parcelles d'un titre approprié (droit de superficie).

ARTICLE 5 : Aucune vente ou location de lots ne sera admise et aucune autorisation de construire ne pourra être délivrée avant le versement par l'attributaire de la valeur du droit de superficie d'une part, et de sa contribution aux charges d'aménagement du terrain d'autre part.

ARTICLE 6 : La zone structurée devra être dotée d'un règlement spécial pour les constructions à édifier tandis que pour la zone d'extension, les prescriptions des règlements du code de l'urbanisme en vigueur seront appliquées.

ARTICLE 7 : Le Gouverneur de la Région de Dakar, le Directeur de l'Urbanisme et de l'Architecture, le Directeur du Cadastre et le Directeur de l'Enregistrement, des

./.

du timbre et des Domaines, sont chargés, chacun en ce qui le concerne, de l'exécution du présent arrêté qui sera publié partout où besoin sera.

Mamadou Abbas BA

Ampliations :

- Présidence de la République 1
- Secrétariat Général 1
- Gouvernance Dakar 1
- Direction des Impôts et des Domaines 2
- Direction du Cadastre 1
- Direction de l'Urbanisme et de l'Architecture 1
- Ministère de l'Urbanisme et de l'Habitat 1
- Service régional de l'Urbanisme de Dakar 1
- Journal officiel 1

REPUBLIQUE DU SENEGAL

MINISTERE DE L'ECONOMIE ET DES FINANCES

DIRECTION GENERALE DES IMPOTS ET DES DOMAINES

DIRECTION DE L'ENREGISTREMENT DES DOMAINES ET DU TIMBRE

FS/PSD/BT

N° 87 - 1194 /MEF/DGID/DEDT

D E C R E T

-déclarant d'utilité publique le projet de restructuration du quartier "Dalifort".

LE PRESIDENT DE LA REPUBLIQUE,

VU la Constitution, notamment en ses articles 37 et 65 ;

VU la loi n° 76-67 du 2 Juillet relative à l'expropriation pour cause d'utilité publique et autres opérations foncières d'utilité publique ;

VU le décret du 26 juillet 1932 portant réorganisation de la propriété foncière ;

VU le décret n° 77-563 du 3 juillet 1977 portant application de la loi n° 76-67 du 2 juillet 1976 relative à l'expropriation pour cause d'utilité publique et autres opérations foncières ;

VU l'avis favorable de la Commission de Contrôle des Opérations domaniales au cours d'une consultation à domicile du 16 juillet 1987 ;

SUR le rapport conjoint du Ministre de l'Economie et des Finances et du Ministre de l'Urbanisme et de l'Habitat ;

D E C R E T E

Article premier : Est déclaré d'utilité publique le projet de restructuration du quartier "Dalifort".

Article 2 : Le Ministre de l'Economie et des Finances et le Ministre de l'Urbanisme et de l'Habitat sont chargés chacun en ce qui le concerne de l'exécution du présent décret qui sera publié au Journal officiel.

Fait à Dakar, le 25 Septembre 1987

Abdou DIOUF

AMPLIATIONS :

PR	1
SG/PR	1
SCM	1
ARCHIVES	1
MEF/DGID/DEDT	5
G/RD	1
INTERESSES	6
J.O	1/17

SUR le rapport conjoint du Ministre de l'Economie, des Finances et du Plan et du Ministre de l'Urbanisme et de l'Habitat ;

D E C R E T E :

Article premier : Le présent décret organise la procédure d'exécution des opérations de restructuration et de régularisation foncière des quartiers non lotis, dans les limites des zones de rénovation urbaine.

Article 2 : La régularisation foncière comporte les opérations suivantes :

1.-la réalisation d'un état des lieux de la zone à restructurer,
2.-le recensement de l'ensemble des propriétaires d'impenses et des locataires situés dans la zone,
3.-l'établissement d'une liste des occupants du quartier pouvant bénéficier de la régularisation foncière sous la forme d'une concession de droit de superficie,
4.-l'organisation des futurs attributaires de parcelles en groupement d'intérêt économique ou en coopérative, afin d'assurer leur participation à l'exécution de l'opération de restructuration et de régularisation foncière,
5.-l'élaboration d'un plan d'urbanisme de détail,
6.-l'immatriculation au nom de l'Etat, de tous les terrains du domaine national et l'expropriation pour cause d'utilité publique des terrains privés occupés irrégulièrement, compris dans le périmètre de la zone,
7.-l'élaboration d'un plan de rénovation urbaine, sous la forme d'un plan de lotissement de restructuration avec la participation effective des populations concernées,
8.-la fixation de la participation financière de l'attributaire de la parcelle.

./...

ARTICLE 3 : Sont seules recevables, les demandes de droits de superficie, des propriétaires d'impenses dûment recensés à la phase préliminaire de chaque opération de restructuration et de régularisation foncière par une commission designée par le Ministre chargé de l'Urbanisme.

Toutefois, les demandes de droits de superficie des chefs de familles locataires dans la zone à restructurer, peuvent être examinées dans la limite des parcelles disponibles selon les règles de priorité suivante :

- ancienneté de l'installation dans le quartier,
- taille de la famille.

La demande d'un propriétaire de titre foncier non résident, exproprié en application des dispositions du paragraphe 6 de l'article 2 du présent décret, peut être examinée dans la limite des parcelles de recasement disponibles.

ARTICLE 4 : Le plan de lotissement de restructuration est élaboré en tenant compte dans la mesure du possible de la configuration des parcelles. Les droits de superficie seront octroyés selon l'implantation effective.

Le plan de lotissement de restructuration est accompagné d'un règlement particulier d'urbanisme.

ARTICLE 5 : Sur la base du plan de lotissement de restructuration et du recensement effectué, la liste des propriétaires d'impenses prévue à l'article 3 du present décret est preparée par la commisson en relation avec les comités de quartiers mis en place pour la rénovation participative.

Les proprietaires d'impenses situées dans des zones impropres à l'habitat, ou sur des lots rendus inconstructibles en application du reglement particulier d'urbanisme, sont reinstallés dans un lotissement de recasement.

./...

ARTICLE 8 : Les bénéficiaires de droits de superficie peuvent demander la transformation de leurs droits de superficie en titres fonciers conformément au décret n°87-271 du 3 mars 1987 fixant les conditions d'application de la loi n°87-11 du 24 février 1987 autorisant la vente des terrains domaniaux destinés à l'habitat, situés en zone urbaine.

Le titre foncier leur est accordé en contrepartie du versement déjà effectué de la participation visée à l'article 6.

ARTICLE 9 : Le Ministre de l'Economie, des Finances et du Plan et le Ministre de l'Urbanisme et de l'Habitat, sont chargés, chacun en ce qui le concerne de l'exécution du présent décret qui sera publié au Journal officiel.

Fait à Dakar, le 29.JUILLET.1991....

Abdou DIOUF

par le Président de la République,

Le Premier Ministre :

Habib THIAM

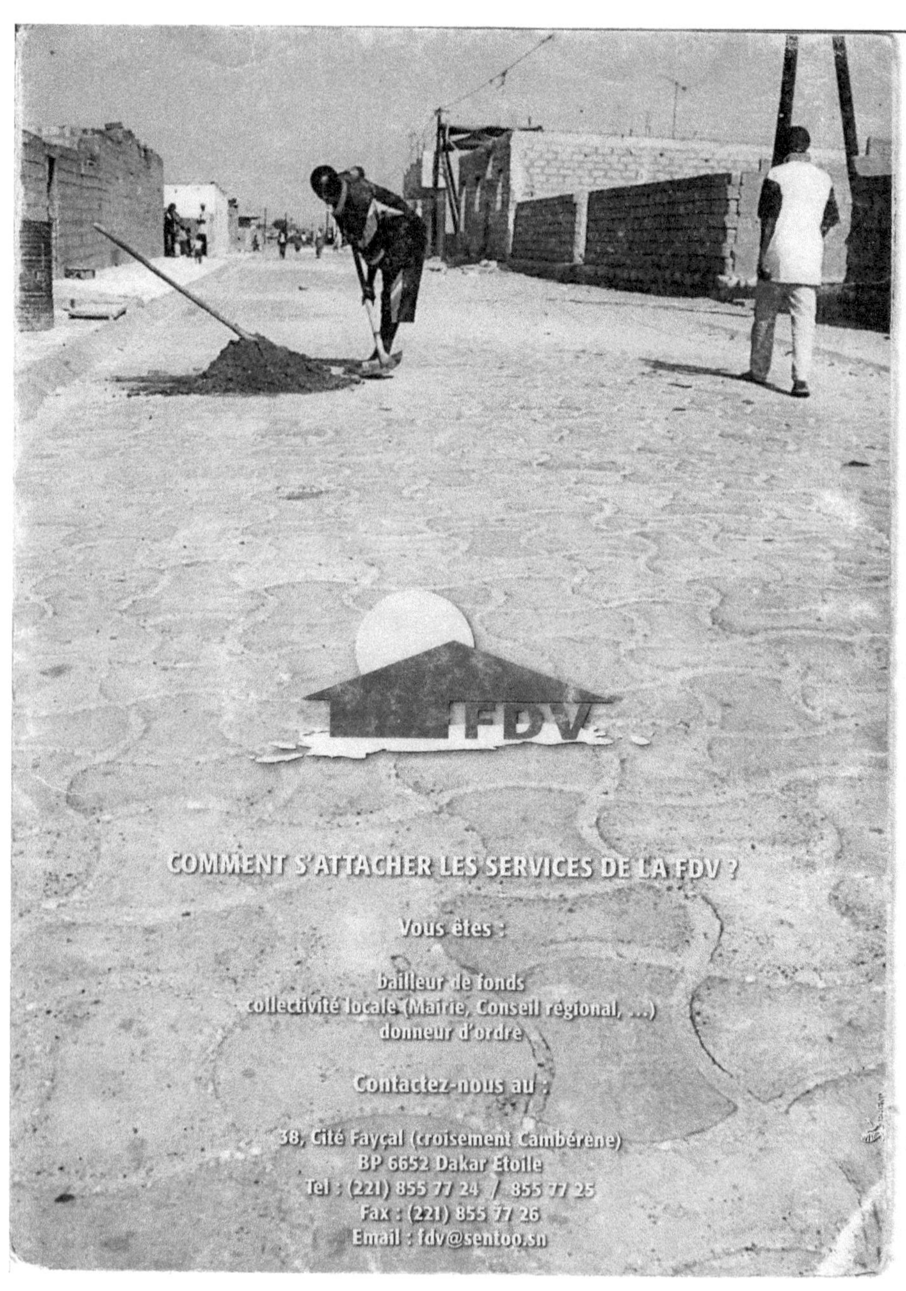
FDV
COMMENT S'ATTACHER LES SERVICES DE LA FDV ?
Vous êtes :
bailleur de fonds
collectivité locale (Mairie, Conseil régional, ...)
donneur d'ordre
Contactez-nous au :
38, Cité Fayçal (croisement Cambérène)
BP 6652 Dakar Etoile
Tel : (221) 855 77 24 / 855 77 25
Fax : (221) 855 77 26
Email : fdv@sentoo.sn

LES MEMBRES FONDATEURS

Etat du Sénégal
Ville de Dakar
Ville de Pikine
Ville de Ziguinchor
Banque de l'Habitat du Sénégal (B.H.S)
Société Générale de Banques au Sénégal (S.G.B.S)
Compagnie Sahélienne d'Entreprises (C.S.E)
Société Nationale d'Habitations à Loyers Modérés (SN/HLM)
Agence d'Exécution de Travaux d'Intérêt Public contre le sous -emploi (AGTIP)
Société Nationale des Eaux du Sénégal (SONES)
Office National d'Assainissement du Sénégal (ONAS)
Atépa Technologies
GIE les « Amis »
Ordre des Architectes du Sénégal
Enda Tiers Monde
Groupement Economique du Sénégal (G.E.S)
Bureau d'Architecture et d'Urbanisme (B.A.U)

LES PARTENAIRES

L'Etat du Sénégal
Les Collectivités locales
La Coopération Allemande : technique (GTZ/PRHS) et financière (KFW)
Le secteur privé
Les autres partenaires nationaux et internationaux au développement.

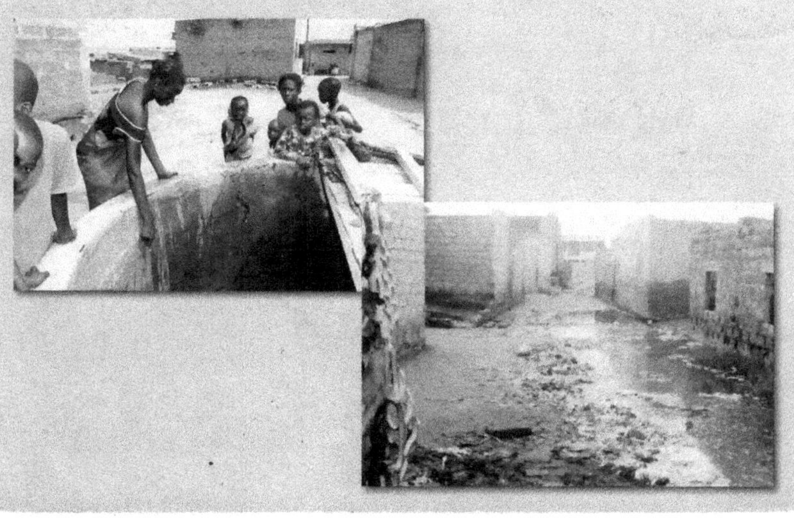

PROGRAMME D'ACTIVITÉS

À court et moyen terme

La fondation Droit à la Ville a démarré ses activités dans une zone d'habitat spontané de la ville de Pikine située dans la région de Dakar. Ce projet dénommé « Restructuration de Pikine Irrégulier Sud, zone 1 » a fait l'objet d'un financement de la Kreditanstalt für Wiederaufbau, Frankfurt, Allemagne - KfW. Il concerne 11 quartiers à Pikine Irrégulier Sud.

L'exécution de l'opération a été facilitée par l'existence d'une zone de recasement située dans la banlieue de Pikine, à Keur Massar, et destinée au recasement des ayants-droit, dont les parcelles sont frappées de servitude.

En fonction des résultats dans l''exécution de ce programme de démarrage et au fur et à mesure de son avancement, la Fondation étudiera la possibilité d' étendre son intervention à d'autres projets dans d'autres villes et à diversifier éventuellement ses prestations.

À long terme

Le projet Pikine Irrégulier Sud pourrait bénéficier d'une prolongation sur financement de la KfW pour une nouvelle période de sept ans dans deux autres zones et à Pikine Irrégulier Sud. Ces zones, dénommées zone II et III, ont déjà été identifiées et font l'objet d'études de faisabilité réalisées en 1997. Les zones II et III couvriront 29 quartiers.

APPROCHE FDV :

Les métiers de la FDV :

- *LA RESTRUCTURATION* : Il s'agit ici de reconfigurer les quartiers non lotis en vue de les arrimer au tissu urbain, de les conformer aux standards et normes d' urbanisation admis, d'améliorer en somme le cadre de vie des populations qui y vivent. Ce « REFORMATAGE » consiste à l'édification, in situ, d'infrastructures de base (voirie, éclairage public, adduction d'eau potable, assainissement, équipements collectifs ...). Ce type d' intervention se fait toujours dans le cadre d'une gestion participative avec les populations qui décident d'elles mêmes des options d'infrastructures dans leur quartier, dans le cadre des ateliers de planification que nous organisons.

- *LA REGULARISATION FONCIERE* : En considérant que la plupart des quartiers spontanés sont localisés sur des terrains non immatriculés ou sur des titres fonciers privés occupés irrégulièrement, nous constatons dans les deux cas, que cela pose un problème : les habitants ne peuvent produire ni de titre de propriété ni de droit reconnu d'occupation du sol. La solution à ce problème passe par la régularisation foncière dite sur place. Autrement dit, à partir de la cartographie foncière existante du site concerné, des solutions idoines sont mises en œuvre en relation avec les populations et les services de l'Etat (l'Urbanisme, les Domaines, le Cadastre et l'Administration territoriale) en vue:
- de faciliter l'accès à la propriété foncière ;
- d'élargir l'assiette fiscale pour les recettes municipales par un potentiel élevé de demandes d'autorisation de construire et de branchement à l'eau et à l'électricité ;
- d'établir un système d'adressage du cadastre fiscal ;
- de susciter et de dynamiser des activités économiques dans les quartiers régularisés.

La Fondation Droit à la Ville, dans sa mission d'intérêt général est ainsi un outil fondamental de lutte contre la pauvreté urbaine.

PROJET EN COURS D'EXECUTION

Un contrat tripartite (Etat, Mairie de Pikine, FDV) de maîtrise d'ouvrage déléguée a été signé le 24 Janvier 2002, à l'effet de confier à la FDV sa première mission d'agence d'exécution pour le Projet de restructuration et de régularisation foncière intitulé Pikine Irrégulier Sud dans la Commune de Pikine.

Ce projet a été financé par la coopération Allemande (**KFW**) pour un montant de trois milliards trois cent cinquante millions de francs (**3 350 000 000 FCFA**) pour la première phase.

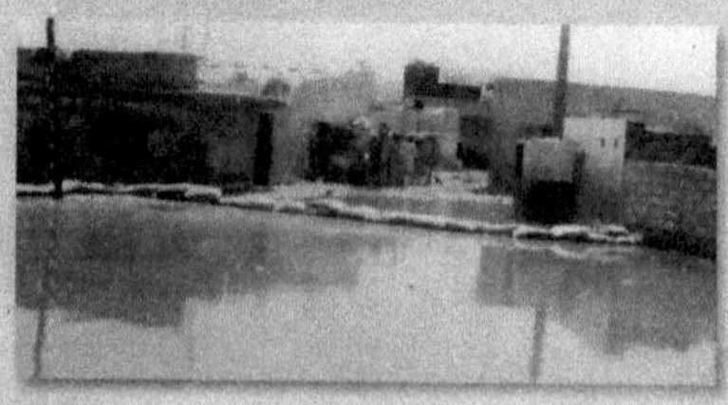

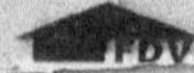

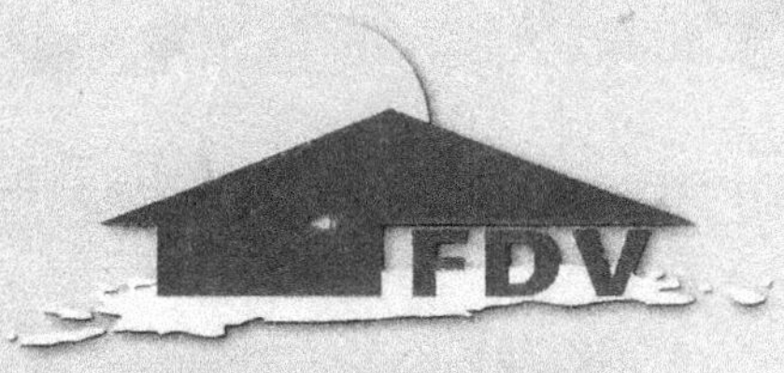

LES RESSOURCES INTERNES

Notre Equipe

Organigramme

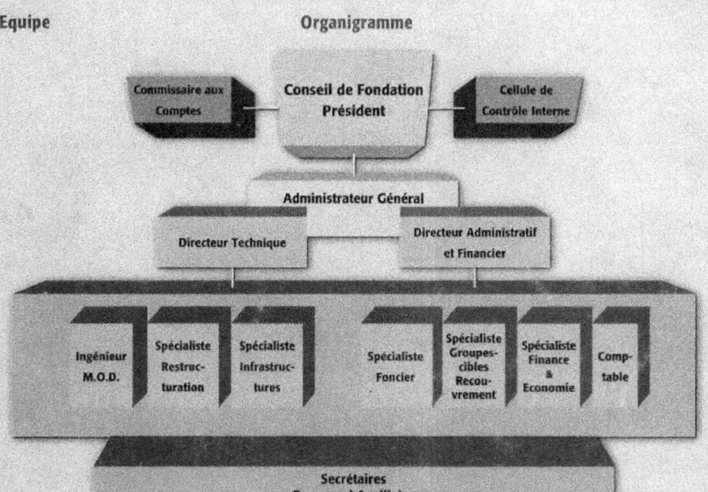

Pour l'accomplissement de sa mission, la FDV dispose d'un effectif réduit de dix professionnels hautement qualifiés dans leurs domaines respectifs de compétence, et dont les profils sont les suivants :

- 03 Ingénieurs en Génie Civil
- 02 Economistes financiers
- 01 Urbaniste planificateur
- 01 Géomètre topographe
- 01 Spécialiste en organisation des groupes cibles et recouvrement
- 02 Travailleurs Sociaux Spécialistes de l'organisation Communautaire

Chacun des membres de l'équipe a capitalisé une forte expérience professionnelle dans son domaine d'activité.

La FDV fera l'option d'externaliser certaines prestations selon le principe du **"faire faire"** par des cabinets et consultants.

Une expertise avérée :
La FDV a développé un savoir-faire unique hérité des projets de Restructuration et de Régularisation foncière.

Un matériel haut de gamme :
logistique, parc informatique, logiciels

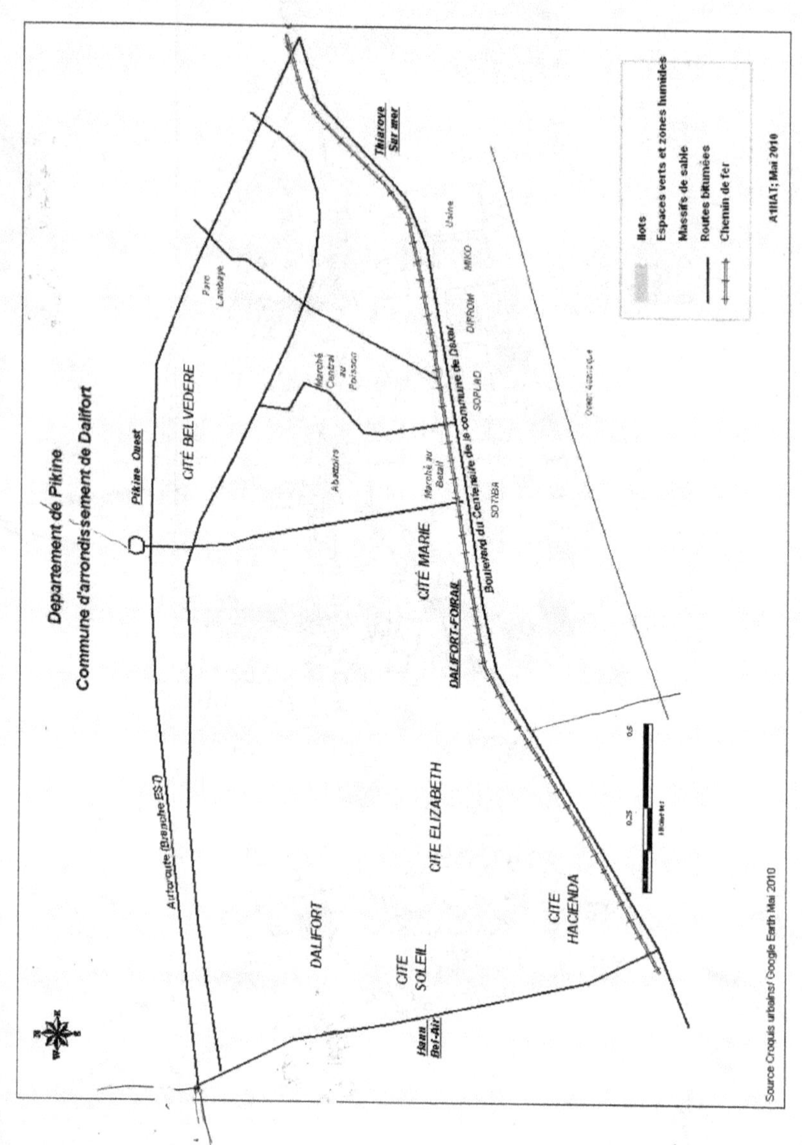
Departement de Pikine
Commune d'arrondissement de Dalifort
Pikine Ouest
CITÉ BELVEDERE
Parc Lambaye
Marché Central au Poisson
Abattoirs
Marché au Betail
CITÉ MARIE
DALIFORT-FOIRAIL
Boulevard du Centenaire de la commune de Dakar
SOTIBA
SOPLAD
DIPROM
MIKO
Usine
Thiaroye Sur mer
Autoroute (Branche EST)
DALIFORT
CITE SOLEIL
CITE ELIZABETH
CITE HACIENDA
Hann Bel-Air
Ilots
Espaces verts et zones humides
Massifs de sable
Routes bitumées
Chemin de fer
Mai 2010
0
0.25
0.5
Source Croquis urbains/ Google Earth Mai 2010

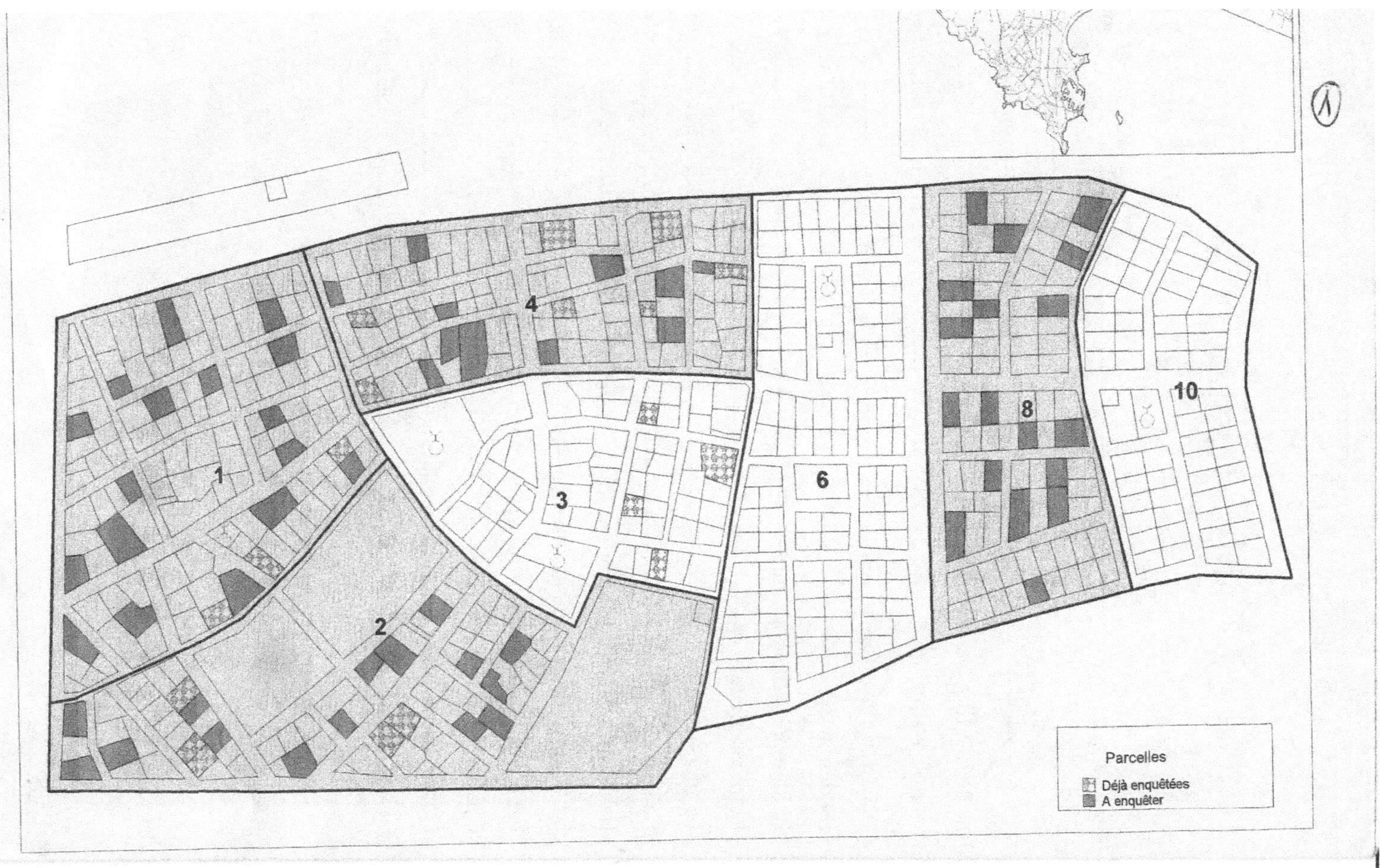
4
1
3
6
8
10
2
Parcelles
Déjà enquêtées
A enquêter

Tables des matières

Structures éditoriales du groupe L'Harmattan

L'Harmattan Italie
Via degli Artisti, 15
10124 Torino
harmattan.italia@gmail.com

L'Harmattan Hongrie
Kossuth l. u. 14-16.
1053 Budapest
harmattan@harmattan.hu

L'Harmattan Sénégal
10 VDN en face Mermoz
BP 45034 Dakar-Fann
senharmattan@gmail.com

L'Harmattan Cameroun
TSINGA/FECAFOOT
BP 11486 Yaoundé
inkoukam@gmail.com

L'Harmattan Burkina Faso
Achille Somé – tengnule@hotmail.fr

L'Harmattan Guinée
Almamya, rue KA 028 OKB Agency
BP 3470 Conakry
harmattanguinee@yahoo.fr

L'Harmattan RDC
185, avenue Nyangwe
Commune de Lingwala – Kinshasa
matangilamusadila@yahoo.fr

L'Harmattan Congo
67, boulevard Denis-Sassou-N'Guesso
BP 2874 Brazzaville
harmattan.congo@yahoo.fr

L'Harmattan Mali
Sirakoro-Meguetana V31
Bamako
syllaka@yahoo.fr

L'Harmattan Togo
Djidjole – Lomé
Maison Amela
face EPP BATOME
ddamela@aol.com

L'Harmattan Côte d'Ivoire
Résidence Karl – Cité des Arts
Abidjan-Cocody
03 BP 1588 Abidjan
espace_harmattan.ci@hotmail.fr

L'Harmattan Algérie
22, rue Moulay-Mohamed
31000 Oran
info2@harmattan-algerie.com

L'Harmattan Maroc
5, rue Ferrane-Kouicha, Talaâ-Elkbira
Chrableyine, Fès-Médine
30000 Fès
harmattan.maroc@gmail.com

Nos librairies en France

Librairie internationale
16, rue des Écoles – 75005 Paris
librairie.internationale@harmattan.fr
01 40 46 79 11
www.librairieharmattan.com

Librairie l'Espace Harmattan
21 bis, rue des Écoles – 75005 paris
librairie.espace@harmattan.fr
01 43 29 49 42

Lib. sciences humaines & histoire
21, rue des Écoles – 75005 paris
librairie.sh@harmattan.fr
01 46 34 13 71
www.librairieharmattansh.com

Lib. Méditerranée & Moyen-Orient
7, rue des Carmes – 75005 Paris
librairie.mediterranee@harmattan.fr
01 43 29 71 15

Librairie Le Lucernaire
53, rue Notre-Dame-des-Champs – 75006 Paris
librairie@lucernaire.fr
01 42 22 67 13

www.ingramcontent.com/pod-product-compliance
Lightning Source LLC
LaVergne TN
LVHW012002220826
846092LV00001B/226
9782343210117